面向低碳生态旅游的自然风景区系统测度与预测研究

骆毓燕 著

科学出版社
北京

内 容 简 介

绿色低碳发展已成为景区系统兼顾旅游经济发展与生态环境保护，逐步实现景区系统低污染、低能耗、低排放的发展方式与路径，是实现社会效益、经济效益与生态效益协调统一的必然选择。本书面向低碳生态旅游，在系统阐述旅游景区低碳经济理论的基础上，运用系统建模理论及方法，建构自然风景区系统测度体系，科学合理地测度其低碳化发展水平，并预测其发展趋势，为旅游景区低碳化发展理论与管理实践等方面的深入探讨做出了积极尝试且形成了具有参考价值的成果。

本书可作为高等院校管理科学、系统工程、旅游管理等专业高年级本科生和研究生的参考书，也可作为科技工作者、教师及相关学者的参考用书。

图书在版编目(CIP)数据

面向低碳生态旅游的自然风景区系统测度与预测研究/ 骆毓燕著. —北京：科学出版社，2023.11
ISBN 978-7-03-076414-0

Ⅰ. ①面… Ⅱ. ①骆… Ⅲ. ①风景区-低碳经济-研究-中国 Ⅳ. ①F592.3

中国国家版本馆 CIP 数据核字（2023）第 181659 号

责任编辑：张 展 侯若男 / 责任校对：彭 映
责任印制：罗 科 / 封面设计：墨创文化

科 学 出 版 社 出版
北京东黄城根北街16 号
邮政编码：100717
http://www.sciencep.com

成都锦瑞印刷有限责任公司 印刷
科学出版社发行 各地新华书店经销
*
2023 年 11 月第 一 版 开本：787×1092 1/16
2023 年 11 月第一次印刷 印张：9
字数：213 000

定价：98.00 元

（如有印装质量问题，我社负责调换）

前　　言

随着我国生态文明建设、碳达峰碳中和(以下简称“双碳”)工作的不断推进，与环境紧密相关的旅游业，其发展必然要向绿色低碳转变。旅游景区发展也被赋予了与时代相符、与前沿接轨的新内涵。绿色低碳发展已成为景区系统兼顾旅游经济发展与生态环境保护，逐步实现景区系统低污染、低能耗、低排放的发展方式与路径，是实现社会效益、经济效益与生态效益协调统一的必然选择。

旅游景区是一个复杂巨系统，不但包括游客与旅游资源的互动，而且包括人类活动与生态环境的关系及景区中各种因素的交互作用。为有效掌控景区在构建低碳化景区、推进低碳化建设过程中的变化，本书从宏观、微观视角，系统地揭示景区在这一漫长而复杂过程中的系统序度、发展趋势，为景区低碳化发展路径调整提供决策依据，立足于景区管理者、游客、居民等多角度，考虑经济、环境、社会等多层面，在综合集成多种评价技术的基础上，定量研究、分析旅游景区系统发展状况，基于系统动力学仿真模型预测系统发展趋势。

本书运用低碳经济、复杂性科学、系统控制、旅游管理、环境科学等多学科交叉理论，集成管理熵与耗散评价模型、语言集成算子、灰色关联法与G1法等多种系统评价与建模技术，提出多角度、多维度、多尺度的评价模式，以多尺度方式，展现“自底向上”微观方面影响景区低碳化发展因素间的相互作用，进而集结成宏观方面的综合效应；以多维度方式，解析景区复杂系统，分别从经济、社会、生态等方面综合体现景区系统低碳化发展态势、低碳环保举措的成效及其对多个效益的实现状况；以多角度方式，反映景区居民、景区员工、游客等多个利益相关者对景区低碳化发展状况的感知，从这一方面，验证基于管理熵的景区当前评价结果，并结合景区实际，构建其系统动力学仿真模型，对其发展过程进行评估与调控分析。

借本书出版之际，衷心感谢四川大学任佩瑜教授、西南财经大学廖治学教授、广西大学胡明明副教授、四川师范大学王俊教授等给予的大力支持和帮助。感谢研究生秦勇、何金洁、杨楠、童涛等在资料整理和分析阶段付出的辛勤劳动。本书的有关研究得到国家自然科学基金项目(71501019)、中国博士后基金面上项目(2018M631069)、四川省自然科学基金项目(2023NSFSC1054)等的资助。同时，本书参考了国内外相关研究成果，吸取了诸多专家和同仁的宝贵经验，在此向他们深表谢意！特别感谢科学出版社的编辑为本书出版所做的细致工作！感谢成都理工大学管理科学学院及相关部门的鼎力支持！

本书涉及内容广泛，书中难免存在不足之处，恳请广大读者批评指正。

骆毓燕

2023年3月17日

目　　录

第1章 绪　论

1.1 研究背景

随着社会经济的快速发展、人口的急剧增加，全球气候变暖所带来的冰川融化、海平面上升、极端天气频发等一系列不良后果严重危害到人类的生存环境和健康安全。为应对全球气候变化，以低碳经济为主导的低能耗、低污染、低排放及高效能、高效率、高效益的可持续增长模式逐渐被社会各界所认同。

2018 年，联合国政府间气候变化专门委员会(Intergovernmental Panel on Climate Change，IPCC)发布的《全球升温 1.5℃特别报告》指出，各国自主贡献与减排承诺严重不足，将温度上升幅度控制在 1.5℃以内需要在国家、城市、行业和家庭等各个层面快速推进行为转变、技术升级和系统性变革[1]。目前，我国也在努力实现“双碳”目标，破解可持续发展的困境[2]。

旅游业通常被认为是“无烟绿色产业”，但其已经成为碳排放的大户，世界经济论坛 2009 年发布的 *Towards a Low Carbon Travel & Tourism Sector* 显示旅游活动产生的温室气体排放量已占全球人类活动产生温室气体排放量的 5%[3]，旅游活动也成为全球气候变化的重要驱动因素之一。旅游业是践行“绿水青山就是金山银山”理念的重要领域，各地区应在严格保护生态的前提下，科学合理地推动生态产品价值实现，走出一条生态优先、绿色发展的特色旅游道路。

旅游作为一种人们了解大自然的休闲娱乐方式，有着悠久的历史，尤其是最近几十年来发展非常迅速，逐渐成为世界经济的重要产业门类，2019 年全球旅游总人次达到 123 亿人次，全球旅游总收入达到 5.8 万亿美元[4]。在我国，改革开放以来，随着国民经济的高速发展，人们的生活水平有了显著的提高，对物质的追求逐渐转变为对精神的追求，而自然生态旅游则是精神享受的最佳选择之一。

工业革命以来，全球二氧化碳的排放量一直快速增加，其中 90%是人类活动所致[5]，根据预测，到 2035 年整个旅游部门的二氧化碳排放量将增加 152%，而对全球变暖的贡献率将增加 188%，由此可见，发展低碳旅游势在必行，否则必与全球国际社会应对气候变化的战略决策背道而驰[6,7]。

低碳经济时代使低碳生态旅游成为旅游业发展的必然。旅游业日益显示出资源消耗低、带动系数大、就业机会多、综合效益好的产业特征[8]。目前，我国的自然保护区和历史文化遗产地数量众多，但仍不能满足旅游旺季迅猛增加的旅游需求，旅游地人满为患的情况时有出现。旅游地的自然风貌是旅游地区的核心价值所在，其具有不可再造和不可替代性，因此在开发的同时做好保护是低碳生态旅游管理的一项重要工作。发展低碳生态旅游，明确体现了节能减排的举措，既能以一种新方式催生发展自身的原动力，又能带动其他相关行业的发展。

鉴于此，对促进自然保护区、风景区低碳化发展的综合集成管理过程进行评估分析，并对景区低碳化发展态势进行预测，以期建立低碳经济背景下旅游景区低碳化建设的集成测度、仿真预测体系，促进景区倡行低碳生态旅游理念，践行低碳化发展方式，推进自身低碳化建设，构建低碳化景区，实现社会效益、经济效益与生态效益的协调统一，保持人景和谐共生。

1.2 研究目的及意义

1.2.1 研究目的

面向低碳经济时代，针对现阶段关于景区可持续发展、环境质量、资源开发等方面评价中的问题和不足，本书进一步交叉融合多学科知识，探讨景区系统内在结构，提出景区低碳化发展状况的评判体系。本书以低碳经济时代为背景，以预测景区系统发展状况为研究目标，以景区系统为主要研究对象，景区的利益相关者为辅助研究对象，在低碳经济、系统科学、管理熵、旅游管理、环境科学等多学科交叉理论的基础上，使用演绎-归纳混合法、分解-联合法；在对低碳化景区系统及其所含的多个子系统内在结构分析的基础上，运用管理熵、管理耗散结构等理论，灰色关联法、G1 法、语言集成算子等方法，提出多角度、多维度、多尺度的评价模式，对景区系统低碳化发展进行综合集成测度，从多个维度、多个尺度展示景区系统各层次的状况及彼此间相互作用、相互影响的集总态势，以此来评判景区系统在低碳化建设过程中所取得的成效，从宏观、微观层面展示景区在低碳化管理运作下的状态，并利用仿真技术，预测其态势，通过综合全面地反映景区当前的有序性状况及发展状况，为景区低碳化发展提供对策建议；从多个角度，运用访谈分析手法，面向景区员工及居民，获取一手信息资料，面向游客，使用问卷调查方式，基于语言集成算子，实现“从语言信息获取到语言信息评价”的过程，客观反映游客体验景区低碳化发展的状况。

1.2.2 研究意义

1. 理论意义

在对景区可持续发展、低碳化景区、管理熵与管理耗散结构理论进行系统性梳理的基础上，综合应用复杂性科学、系统工程、系统控制、旅游管理等基本理论和方法，集成管理熵增和耗散结构评价模型、系统动力学模型、“驱动力-压力-状态-影响-响应”(drive-pressure-state-impact-response，DPSIR)概念模型、语言集成算子，融合主客观 G1

法与灰色关联法的组合赋权法，分析影响景区低碳化建设的因素集及作用机理，并考虑旅游景区所具有的经济性、生态性、社会性等特性，提出景区系统低碳化发展的多维集成评价指标集及评价过程体系。本书的研究对丰富低碳经济环境下景区低碳化建设、景区评价等领域的理论研究，以及交叉学科的有机融合具有重要意义。

本书应用复杂性科学的管理熵和管理耗散结构理论以及系统建模思想，对自然风景保护区系统开展研究，在景区管理系统运行过程中，当景区开放性复杂巨系统的管理熵值最小时，则景区系统受控有序度最高，使得景区生态环境保护与旅游经济发展最大限度地和谐共生。本书以景区为主要研究对象，不仅仅是从宏观上进行评价，还从宏观到微观的尺度，立足于游客、居民、管理者等多个利益相关者的角度，建构多角度、多维度、多尺度的评价模式，实现对景区低碳化管理过程的粗、细粒度相结合的评价及反馈，从而在一定程度上丰富了系统评价，尤其是自然风景区系统评价理论。

2. 现实意义

在发展低碳经济的浪潮下，为促进我国旅游业健康、良好、可持续发展，需树立低碳经济理念，采用全新增长模式，从传统的粗放型方式向新兴的集约型方式转变已成为一种势不可挡的趋势。随着环境问题日益突出，人们越发关注环保与生态。低碳经济背景下，旅游景区发展需要转型，低碳生态旅游成为一种潮流的旅游方式。面向低碳景区，如何基于系统工程、复杂性科学的视角，从经济运行、社会发展、生态表征、低碳控制、建设保障等多层面评估景区低碳化建设效果是极具探讨、应用和推广价值的。本书具有如下重要的意义：首先，有利于促进低碳经济背景下景区的和谐可持续发展；其次，揭示景区实施低碳环保建设的效果，并为今后的景区低碳化建设路径调整提供改进及完善的决策建议；最后，通过实践验证的低碳化景区系统集成测度模式、预测分析可供其他同类景区参考，为景区管理者、政府相关部门的科学决策、适时控制、高效管理提供依据。

1.3　研究内容及特色

1.3.1　研究内容

根据研究目标，本书的主要研究内容如下。

1. 旅游景区低碳经济理论探讨

基于低碳经济理论，阐述旅游景区演化趋势，并对旅游景区低碳经济理论的内涵、低碳化景区系统（decarbonated tourist attractions system，DTAS）与低碳景区系统（low-carbon tourist attractions system，LTAS）的概念等进行界定，指出低碳化景区系统不仅仅关注“低碳化”或“发展”，而且使其发展“绿色化”，即寻求低碳化发展方式，推动景区复合、系统的全面发展。也就是说，在低碳经济时代，旅游景区在运行过程中，倡导低能耗、低污染、低排放的新型旅游经济增长方式和高效集成管理理念，实现经济效益、生态效益、社会效益的协调统一；在发展自身旅游经济、带动当地发展的同时，将“低碳化”与“发展”紧密融合，运用各种先进科学技术和综合集成管理手段，提升景区节能和环保水平，提高植被覆盖率；使景区游客人均碳排放量下降，单位碳排放收益上升，碳汇能力增强，能耗效率提高，污染程度降低；使旅游经济与自然生态环境协调发展、人景和谐共处，不断实现低碳化发展过程。低碳化景区系统即使未达到低碳景区的目标要求，但其发展趋势良好，它是景区寻求关键经济增长方式、促进人景和谐共处、保持生态环境可持续发展态势、向低碳景区转化的必经过程及中间状态。低碳景区是低碳化景区系统发展到一定阶段的产物，在旅游经济可持续发展、低碳控制、低碳旅游管理等方面不但呈现低碳化发展趋势或保持平稳发展状态，而且其景区系统包含低碳化程度、低碳技术应用、管理服务等在内的经济、生态、社会等效益水平及相关指标数值均上升至一定高度或达到一定约束限制，在同行业内处于相对领先水平。基于此，本书进一步阐明低碳化景区系统的层次结构、特性、要素、要素间关联等，并指出景区低碳化建设构架与低碳化发展路径。

2. 系统建模理论方法分析

通过回顾熵理论的发展历程，本书对管理熵与管理耗散的内涵及其在组织变革、企业生命周期、企业文化、企业制度、人力资源、绩效评价及其他方面的应用进行梳理，明确了管理熵和管理耗散结构理论与生产实际相结合，为管理过程中管理理论的认识、管理系统运动规律的把握、管理问题的解决提供了一条从宏观角度总览到微观角度剖析的新途径。

旅游景区是一个复杂的开放巨系统，故从复杂性科学的视角，反映景区系统中各种因素的交互作用，如游客活动与生态环境的相互影响、景区管理活动对游客行为的引导作用、景区经济发展与环境保护的统筹兼顾等，基于管理熵与管理耗散结构理论，探讨旅游景区系统运行机理、景区低碳化发展的演化原理，同时对其演化方向进行判定。

在系统建模理论与方法的指导下，本书综合运用管理熵理论、低碳经济理论、管理学等多种理论，集成管理熵增与管理耗散结构评价法、灰色关联法、G1 法、语言集成算子、系统动力学等多种相关评价的建模方法，至此形成低碳化景区系统研究的集成测度与仿真预测的理论与方法。管理熵理论是本书的主要理论基础，引入灰色关联法与 G1 法组合赋权的管理熵增与耗散结构评价过程恰能从宏观、微观角度系统地揭示景区低碳化建设的系统序度、发展趋势，利于揭示系统发展状态，并判断其变化趋向；基于语言集成算子的游客低碳旅游体验主要表现为对旅游景区低碳化发展状况的感知；系统动力学应用于景区系统仿真中，着眼于系统内部结构，体现系统边界内要素间的相关性和反馈过程，对景区发展态势进行预测等。

3. 基于管理熵的低碳化景区系统综合集成测度

在对旅游地评价、系统评价理论与方法进行文献研究的基础上，本书提出多角度(multi-angle，MA)、多维度(multi-dimensional，MD)、多尺度(multi-level，ML)测度模式(MA-MD-ML，M^3ADL)，如图 1.1 所示。在遵循科学系统性、客观公正性、结构性、相对独立性、可操作性等原则的前提下，针对多指标不同统计口径、统计量纲差异性、宏观及微观状况不同表征等不同尺度特点，运用专家咨询、文献研究、频数统计等方法，在解析低碳化景区系统层次结构的基础上，构建包含经济运行、社会发展、生态表征、低碳控制、建设保障等在内的具备多尺度的景区低碳化发展的多维集成评价指标集，将灰色关联与 G1(grey correlation-G1，GC-G1)法引入管理熵与管理耗散结构(management entropy-management dissipative structure，ME-MDS)评价过程中，建立基于 ME-MDS 与 GC-G1 的集成测度过程，并根据景区系统管理熵值变化，提出景区低碳化发展态势评级参考，并从游客、居民对景区低碳化建设状况的感知，以及面向游客、居民、管理者等问卷、访谈调研状况等多个角度，对前述评价结果进行一定程度上的验证性反馈。

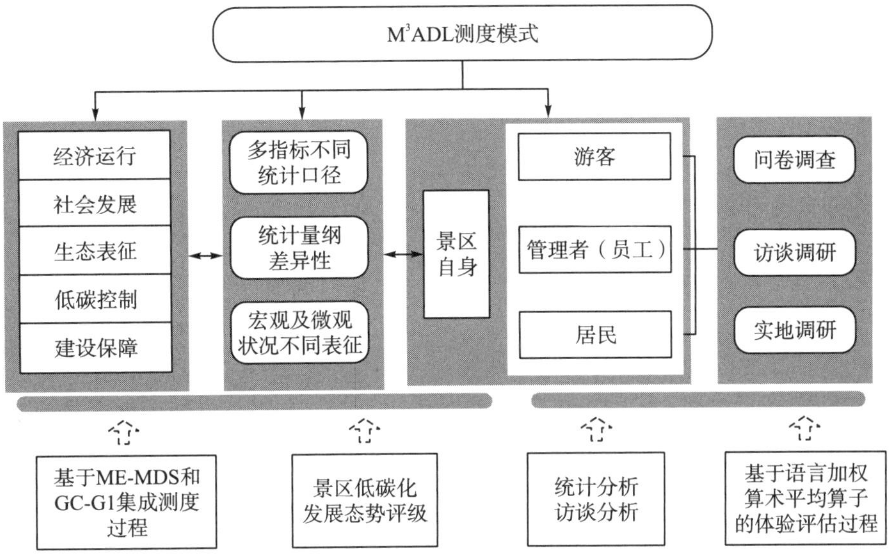

图 1.1 M³ADL 测度模式

4. 基于系统动力学的低碳化景区系统仿真预测与调控

明确低碳化景区系统仿真模型构建的目的，进行问题识别，并根据前述多维评价指标集及其相关指标，分析低碳化景区系统边界、系统结构，引入流位变量、流率变量、辅助变量与常量等，运用系统动力学(system dynamics，SD)与 Vensim 软件对低碳化景区系统进行仿真(图 1.2)，基于过程趋势分析、灵敏度分析，对景区低碳化发展关联的各维度要素发展过程进行评估与调控，促进景区兼顾生态环境与旅游经济，实现低能耗、低排放、低污染发展。

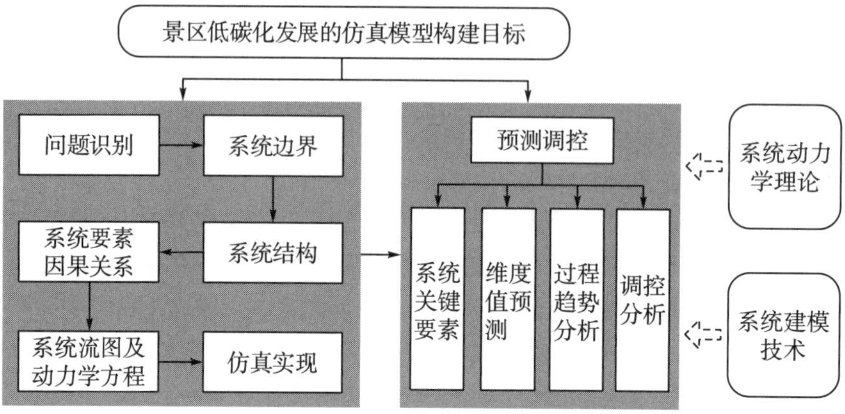

图 1.2 景区低碳化发展的仿真预测与调控框架

1.3.2 主要特色

(1) 推进管理熵与耗散结构理论在开放的复杂巨系统——景区系统评价中的应用及延伸。从复杂性科学视角，结合时代背景，基于管理熵与管理耗散结构理论，探讨低碳化景区系统，提出 GC-G1 组合赋权法，改进了基于管理熵与耗散结构的评价过程，避免了原有管理熵评价过程中层次分析法(analytic hierarchy process，AHP)所带来的一些问题，如AHP 需要一致性检验，计算量大，演算过程复杂，判断矩阵可能难以通过一致性检验等，替代了传统线性评价方式，以非线性度量的方式，考量了不同因素间的综合效应，反映了景区系统中各种因素的交互作用，全面体现观测期内景区低碳化建设过程中的发展状态，是否趋向有序的低碳化状态转变，一定程度上揭示景区系统内在演化趋势，明晰系统序度变化集，提出基于系统序度的景区低碳化发展速度评级参考，促进景区以低碳化发展方式，实现经济效益、生态效益、社会效益协同发展。

(2) 在融合低碳经济、旅游管理、低碳旅游、生态旅游等多个理论的基础上，明确提出低碳化景区系统，解析其层次结构、要素关系。从理论上，研究得到该系统具有能量流动、物质循环、信息传递、价值增值、社会服务、管理服务等功能及其多个子系统交互作用呈现出的生态环境友好性、运营管理高效性、资源利用集约性等特性。在景区低碳化发展概念模型及系统解构的基础上，运用基于 ME 的集成测度与仿真预测技术，探讨 J 景区低碳化发展状况，丰富了低碳经济背景下旅游景区理论与案例研究的范畴。

(3) 集成多种评价技术与建模技术，构建 M^3ADL 测试模式，形成基于低碳化景区系统层次结构的多维度、多尺度评价指标体系；构造语言加权算术平均(language weighted arithmetic averaging，LWAA)算子，实现“从语言信息获取到语言信息评价”的过程，通过确定评价者可信度的离差法，建立基于 LWAA 算子的游客体验景区低碳化建设的验证性反馈评估过程，建构基于 J 景区系统的仿真模型，实施仿真调控。上述研究过程及分析思路可供同行业内其他旅游地评价参考和借鉴。

1.4　研究思路及方法

1.4.1　技术路线

本书的研究技术路线如图 1.3 所示。在系统工程与系统科学思想的指导下，从理论上探讨旅游景区低碳经济理论、管理熵与管理耗散结构理论、系统建模理论及方法等低碳化景区系统理论方法，以对旅游景区的深入认识、对景区复杂系统内在要素相互作用机理的明晰为前提，建构面向低碳生态旅游的自然风景区系统测度与预测体系，如图 1.4 所示。

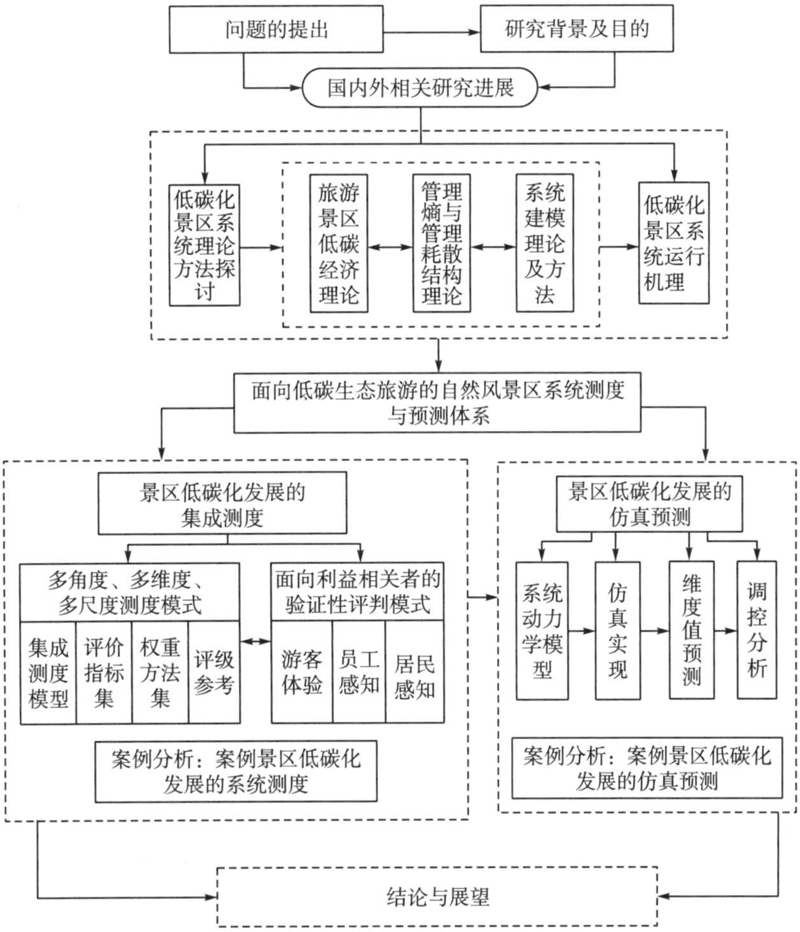

图 1.3　本书的研究技术路线

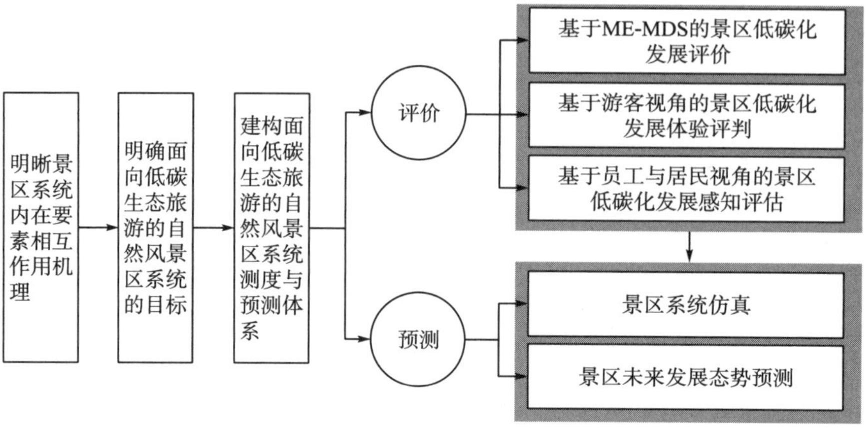

图 1.4 面向低碳生态旅游的自然风景区系统测度与预测体系

就集成测度子体系而言，从景区利益相关者的角度，分别从基于 ME-MDS 的景区低碳化发展评价、基于游客视角的景区低碳化发展体验评判、基于员工与居民视角的景区低碳化发展感知评估等模块展开论述；就仿真预测子体系而言，分为对景区系统的仿真及在景区系统评价过程中数据整理及分析的基础上预测景区发展态势，集成测度与仿真预测是从纵向时间序列角度出发，立足景区系统的当前状况，对景区低碳化发展进行整体性、综合性评估。集成测度侧重评估景区低碳化发展的当前状况，仿真预测偏向对景区生态环境、旅游经济、居民社区等方面主要因素指标变化趋势的预测，洞悉景区低碳化发展态势。

1.4.2 研究方法

(1) 跨学科研究：综合运用复杂性科学、管理学、经济学、系统科学、数学、数理统计等多学科的理论及方法，对低碳化景区系统展开研究。

(2) 文献研究：查阅国内外低碳生态旅游、旅游地评价、系统评价理论与方法相关研究文献，对文献进行分析、比较、归纳、总结，在了解现有研究进展的同时，为本书研究提供理论基础和方法借鉴。

(3) 理论研究与案例研究：在探讨旅游景区低碳经济理论及方法的基础上，从理论层面，构建低碳化景区系统评价模式及仿真预测体系，并将其运用在 J 景区的评价中，展开案例研究。

(4) 问卷调查及实地调研：将定性研究与定量研究相结合，在对低碳化景区进行定性分析的基础上，通过问卷调查、访谈、实地调研等方法，汇集、整理数据资料，作为定量分析的依据。

(5) 集成统计、评价及仿真等方法：①采用专家咨询、频数统计、相关分析等方法，为含有多个维度且具备多个尺度的低碳化景区综合集成测度指标集的建立提供支撑；②基于多元统计方法，采用 SPSS 统计软件，对问卷调查数据进行分析；③集成管理熵增模型、管理耗散结构模型，从非线性角度，对景区系统低碳化发展的有序度进行评判；④构建系统动力学模型，着眼于景区系统内部结构，体现系统边界内要素间的相关性和反馈过程；⑤基于语言加权算术平均算子，对游客体验景区低碳化发展状况进行评估。

1.5 本章小结

本章分析了本书的研究背景，提出了以“如何评价、预测景区低碳化发展的状况，促使其改善，保持人景和谐共生”为基本研究问题，从理论与现实等方面阐述了其研究意义，明确了研究内容与结构安排、本书的主要创新之处，并指出了本书的研究技术路线与方法。

第 2 章　国内外相关研究进展

2.1　低碳生态旅游的研究现状

景区低碳化发展与低碳生态旅游的创新理念密不可分。为促进景区低碳化发展，需要在低碳经济、低碳旅游、生态旅游等已有研究的基础上进行深入探讨和演化研究。

2.1.1　低碳经济

2003 年，英国在其发布的 *Energy White Paper*：*Our Energy Future—Creating a Low-carbon Economy*（《能源白皮书：我们能源的未来——创建低碳经济》）[9]中，首次提及“低碳经济”，指出低碳经济是通过更少的自然资源消耗和更少的环境污染，获得更多的经济产出。低碳经济是创造更高的生活标准和更好的生活质量的途径和机会，为发展、应用和输出先进技术创造机会，同时也能创造新的商机和更多的就业机会[10]。随着低碳经济理念衍生，低碳经济发展模式得以提出，各国学者纷纷展开对低碳经济的研究，并取得了较为丰富的研究成果[11]。最初的研究主要集中于少数行业，如运输业、水泥行业等，在此基础上，更多的研究侧重于国家乃至全球碳排放等方面，如英国、德国到 21 世纪中叶实现在 1990 年的基础上减排二氧化碳等温室气体 80%可能性的探讨[12]；美国、土耳其能源消耗，GDP 与碳排放量之间因果关系的研究[13]；全球 GDP、能源消耗、碳排放量之间关系的量化分析[14]；不同地区温度时间序列变化分析与预测[15]。

为发展低碳经济，中国于 2006 年启动了“十一五”节能减排计划，并推动了一系列行动和政策的实施。这些行动和政策主要集中在能源结构调整、产业优化、低碳城市、循环经济和低碳技术、碳排放交易市场、造林绿化和碳汇项目等方面[16]。鉴于此，开展对低碳经济相关问题的研究，总结中国经验，对于推进全球气候治理体系的变革与建设具有重要的理论和现实意义[17]。我国学者对低碳经济的研究虽略迟于国外，但研究内容涉及低碳经济及其相关领域的文献比较多，并取得了一定的进展，从 2005 年开始，有学者针对我国经济低碳发展面临的挑战、可能途径与潜力展开积极探索[18]。针对我国能源消耗与二氧化碳排放现状，有研究指出从产业结构调整、能源结构调整、科技创新等方面采取措施以降低二氧化碳排放[19]。2009 年，中国科学院可持续发展战略研究组在对碳排放的历史轨迹进行回顾的基础上，探析中国应对气候变化与低碳发展的对策，并对中国可持续发展能力、资源环境绩效展开综合评估[20]。后续研究主要围绕低碳经济发展模式、低碳经济转型等方面展开，如采用发展聚集型的低碳经济产业链等模式、技术创新等手段来推动和实现经济发展向低碳经济转型[21]，以京津冀城市群为例，“双碳”目标下低碳经济转型的相关问题可转化为宏观政府层面、中观结构层面以及微观企业层面的问题[22]等。

从整体上看，低碳经济的相关研究更多地注重对宏观(如全球、各个国家乃至区域发展)方面的探讨，而对带来碳排放的各领域的进一步研究比较欠缺，如对服务型组织、旅游景区等系统低碳经济方面的研究较少。

2.1.2　低碳旅游

国外低碳旅游发展始于由世界自然基金会(World Wide Fund for Nature，WWF)-英国商业和消费组织(WWF-UK Business and Consumption Unit)于 2002 年倡导的一种假日碳足迹(holiday footprinting)工具，该工具旨在“负责任旅游”的背景下，提供一个更有益或更广泛的永续发展策略。

关于旅游业能源消耗、旅游者行为、旅游者碳排放等方面的研究发现，旅游者选择不同的出游方式、不同住宿设施甚至是饮食方式等都影响着旅游过程的能源消耗[23]；旅游者对全球二氧化碳排放负有 4.4%的责任，并且这一数据会继续按照每年 3.2%的速度增长[24]；Gössling(高斯林)和 Peeters(佩特斯)强调全球旅游最耗能的方面是国际旅游出行，且航空旅行近年来保持着较快的增长速度，从而增加了航空部门对全球二氧化碳排放的贡献[25]。除旅游消费者之外，旅游企业和政府也是低碳旅游中的两大主体，企业与旅游消费者的决策是互相影响的，政府设置合理的激励惩戒机制，能有效提高旅游消费者和企业参与低碳旅游的积极性[26]。

在我国，低碳理念已在旅游的各个方面初现，其中最具标志性的事件是 2009 年 7 月由 10 位上海市民组成的上海第一支自费北极低碳旅行团的成功出行。国内对低碳旅游的研究主要集中在介绍低碳旅游的基本情况、探索国内各旅游地的低碳经济实施情况等方面：从多个角度对低碳旅游行为进行详细介绍，倡导旅游业采取积极对策转变发展方式[27]；倡导食、住、行、游、购、娱的每一个环节，都体现节约能源、降低污染，以行动来促进和谐社会、节约社会和文明社会的建设[28]；通过运用低碳技术、推行碳汇交易机制和倡导低碳旅游消费方式，提高游客的旅游体验质量，获得更大的旅游经济、社会、环境效益[29]；研究区域旅游业的碳排放时空分异与影响因素，探索不同区域、不同影响因素(如旅游业经济规模、能源消耗强度、区域环境污染治理水平等)对旅游业碳排放的影响作用[30]。上述研究为低碳旅游开发模式及针对时空分布与低碳旅游发展水平不同的景区低碳发展策略等的提出与探析奠定了基础。

根据理论分析，全球旅游业的二氧化碳排放在未来将呈持续增长趋势，因此探讨旅游业与二氧化碳排放的关系具有重要意义。总体上看，低碳旅游相关研究侧重对国家碳排放与能源消耗的变化关系及它们之间的相互影响进行探讨，同时也逐步加深了对旅游业带来的碳排放量与气候变化的关联及低碳旅游概念、低碳旅游策略方面的探究，而对于更为微观层面的游客在游览过程中对旅游景区的碳排放影响及旅游景区践行低碳旅游，实现低碳化发展等方面的研究有待进一步加强。

2.1.3 生态旅游

生态旅游源于20世纪80年代，进入20世纪90年代以后，由于自然、社会、经济全面协调可持续发展成为解决全球环境问题的主导思想，与此相适应的生态旅游得到了迅速的发展。资料显示，旅游业是20世纪世界上经济增长最快的产业，其中增长最快的部分是生态旅游，其年平均增长率为20%～25%，这也反映了人们亲近自然、崇尚自然的新时尚。国外对生态旅游的研究始于20世纪80年代，世界自然保护联盟(International Union for Conservation of Nature，IUCN)特别顾问谢贝洛斯•拉斯喀瑞(Ceballos Lascurain)于1983年首次提出生态旅游的概念[31]。1987年，世界自然基金会(WWF)对厄瓜多尔等五个国家的旅游业进行了专门研究，并于1990年出版《生态旅游：潜能与陷阱》的研究报告。据第一届旅游与环境世界大会的定义，生态旅游是以欣赏和研究自然景观、野生动植物及相关特色文化为目的，为自然保护区筹集资金，为当地居民创造就业机会，为社会公众提供环境教育，有助于自然保护的自然旅游[32]。在此基础上，后续研究提出通过提高全社会资源价值的意识，营造保护自然资源的氛围，扩大外资和资本投入，实现生态旅游开发。

生态旅游的快速发展不可避免地会对自然景区环境造成一定影响。一方面，生态旅游倡导游客在旅途中减少垃圾的产生及能源消耗；另一方面，大量游客的进入打破了野生动物的生活规律，对野生动物产生了很大的影响。从整体趋势来看，自然保护区发展生态旅游对野生动物活动的影响是非常明显的。因此，有研究认为发展生态旅游是自然保护区旅游资源合理开发和有效利用的必然选择[33]，并指出在生态旅游过程中，由于游客、景区内服务单位等的行为，可能引起水体污染、固体废弃物污染、噪声污染、植被破坏和物种减少等环境问题[34]。生态旅游发展，最核心的问题是处理好生态保护与旅游发展之间的关系，寻求两者之间的恰当定位[35]。因此，对生态旅游地合理规划、非破坏性的开发是生态旅游可持续发展的保证[36]。

上述关于生态旅游的研究主要集中在生态旅游内涵、生态旅游管理策略、生态环境与污染、生态补偿等方面，并取得了一定的成果。生态旅游以对自然生态的保护为出发点，可持续开展旅游活动，与低碳旅游的内涵本质与实现目标是一致的。而在倡导生态旅游、低碳旅游的同时，评定旅游景区发展状况的研究尚欠缺。

通过对上述文献资料的研究，发现相关研究者没有将低碳经济、低碳旅游与生态旅游方面的内容有机联系、整合，也没有对低碳生态旅游的概念、体系等内容形成统一的认识和理解。面向低碳经济时代，本书认为低碳生态旅游应将节能减排的核心思想、以自然为基础的活动等融合，既要体现对自然景观的保护开发，又要反映为应对气候变暖而采取的减少碳排放的举措，即在低碳经济的大背景下，发展低碳生态旅游，应树立低碳经济理念，在自然景观开发利用过程中，采用低能耗、低污染的绿色开发模式，倡导低碳生态旅游方式，减少旅游过程中与景区管理过程中的碳排放。旅游景区的低碳化发展是应对全球气候变化、实现“双碳”目标的必然选择。基于游客、管理者、居民等视角，考虑经济、社会、环境等多层面，建立低碳生态旅游与景区低碳化建设的联系及体现低碳经济在低碳化景区建设历程各个层面中的影响尚缺乏系统分析和定量研究。

2.2　旅游地评价的研究现状

自 20 世纪 60 年代以来，包括景区在内的旅游地方面的研究逐步由旅游环境承载力及容量、游客满意度、资源开发、生态保护等向景区可持续发展方面延伸。

2.2.1　旅游环境容量

旅游环境容量(tourism environmental carrying capacity)也称旅游环境承载力，该概念是从承载力、环境承载力发展而来的。国外最早涉及这方面的研究是马尔萨斯在《人口原理》一书中提及的第一个承载力研究基本框架[37]。“环境承载力”一词最初由荷兰数学、生物学家弗赫斯特提出[38]。“旅游环境承载力”的概念首次由拉佩芝提出，旨在描述旅游地环境最大容量或承载能力[39]。美国学者韦格指出旅游环境容量为一个旅游地能够长期维持其产品品质的旅游活动量[40]。20 世纪 90 年代以来，诸多学者分别就旅游环境承载力的定义、建立条件、模拟监测等方面展开了深入研究[41-43]。面对旅游业过度发展对当地环境、资源、社会文化和区域恢复力造成的破坏，许多学者提出了调整旅游地旅游承载能力以实现可持续发展，避免过度旅游问题的建议[44]。

我国学者从 20 世纪 80 年代开始对旅游环境容量的探讨，并逐步与旅游地的资源开发、生态保护等方面相结合，以在不破坏生态环境的前提下，使旅游资源的开发控制在旅游环境容量的合理范围内。最初的研究从定性与定量分析角度，对旅游环境容量展开探讨，如环境容量随风景区空间环境(环境容量)不同而不同[45]；旅游环境容量应包括物理和生态意义上的自然环境容量，需从旅游地域系统——旅游客体子系统、旅游媒体子系统、旅游主体子系统等方面，加强对旅游环境容量理论和方法的研究[46]；旅游环境承载力包含环境生态、资源空间、心理和经济等方面的承纳量[47]。基于此，建立旅游环境承载力的概念体系和指标体系[48]；明确旅游环境容量的“极限”是指旅游环境受影响的极限[49]；旅游地所能容纳的旅游活动量取决于资源空间承载力、生态环境承载力、旅游经济发展承载力和社会承载力中的最小值[50]；游客最佳旅游承载力与可接受的最大旅游承载力远低于极限旅游承载力[51]等。

由上可知，国内外学者对旅游环境容量(承载力)的研究所用的技术路线有所差异，国外主要以游憩体验管理为出发点，着眼于控制环境影响方面，而国内则以控制游客人数为主，诸如基于旅游环境容量研究，从社会环境容量、管理水平容量、旅游环境容量对特定景区进行环境容量评估及景区碳排放量承载力等方面的研究偏少。

2.2.2　游客满意度

游客满意度的研究起源于制造业的产品质量和服务质量研究。自 20 世纪 70 年代末开始，国外学者展开了对游客满意度内涵、影响因素、测量等方面的研究，如在游客对旅游地的期望和到旅游地后的实际感知相比较的正效应的基础之上，游客满意度呈现的是“积极的”的感知或感觉[52]，它不仅仅是在旅游地的体验，更是对在旅游地如何被对待而感知是否满意的一种体现[53]；不同旅游细分市场的体验设施和商业设计对具有不同性格的个体而言有差异化的影响效果[54]；相关研究运用 SERVQUAL 模型对游客满意度进行测量和服务质量分析[55]、满意度与故地重游动机间的效果分析[56]、满意度与不满意度对重游动机的影响分析[57]等。

在国内，对游客满意度的研究起步比较晚，近些年的研究主要集中在游客满意度内涵延伸、不同类型景区游客满意度的测量、旅游满意度的影响因素、旅游服务质量以及购物满意度研究等，如 Joaquín(华金)和 Jaume(豪梅)提出旅游景区游客满意度是游客对旅游区的旅游景观、基础设施、娱乐环境和接待服务等方面满足其旅游活动需求程度的综合心理评价[58]；南剑飞和李蔚基于灰色系统理论，探讨旅游景区游客满意度的影响因素与评价体系[59]；罗盛锋等运用结构方程，从情感与认知方面，构建游客满意度测评模型[60]；廖治学等运用 PC-FUZZY-IPA 法，从吃、住、行、游、购、娱六个方面构建游客满意度评价模型[61]；韩建中运用因子分析及 Logistic 回归模型，发现资源融合、市场融合、功能融合是影响游客满意的主要因素，且三者对游客满意度均呈现显著的正向影响[62]。

由上可知，国内外对游客满意度的研究主要集中在游客满意度的概念、内涵、影响因素、测评体系模型、实证研究等方面，取得的成果丰硕。随着旅游景区倡导低碳经济理念，寻求低碳化发展方式，需进一步研究游客对景区低碳体验方面的满意度及感知。

2.2.3 旅游地资源开发与可持续发展

从 20 世纪 90 年代开始，旅游地可持续发展及其评价指标及方法等成为研究的主流，在对旅游地资源进行开发的同时，降低对环境的不利影响，注重对环境的保护，提升环境质量，使景区能够可持续发展。1992 年，世界旅游组织以旅游为中心，围绕旅游活动展开旅游指标体系的研究，并在一些发达国家进行试验，与此同时希伯(Eber)提出了旅游可持续发展的指导原则[63]。2001 年，英国旅游理事会以保护、改善自然为任务，维护景区社会文化及发展旅游地经济为目标，制定了一套评价英国旅游业可持续发展程度的指标体系。随后加拿大、匈牙利等根据本土特色构建了适宜自身的旅游可持续发展指标[64]。众多学者分别对可持续发展指标选择标准、方法论、评价框架、评价指标体系等方面展开研究，如运用德尔菲法对旅游可持续发展指标进行了调查结果分析[65]；将人文、生态系统纳入区域旅游可持续发展评价框架，对旅游地进行可持续性评价[66]；尝试创新一种可持续发展整体评价方式，建构可持续发展绩效指标，以使受保护区域的旅游可持续发展[67]。

国内学者针对旅游地可持续发展、环境质量、资源开发等方面的评价指标体系构建、评价方法及模型进行了积极探索和研究，如崔凤军等构建了涵盖生态环境类、旅游经济类、社会文化类、旅游支持系统类指标的区域旅游可持续发展评价指标体系[68]；考虑旅游资源及环境保护能力、旅游经济、社会效益、旅游软硬环境建设力度和旅游客源市场开拓能力等因素，王良健提出了评价指标体系与综合评价的多目标线性加权函数模型[69]；田里在设计区域旅游可持续发展评价指标体系的基础上，对多个主要旅游地进行了定量评估[70]；黄世光等利用旅游资源、生态与环境、社会经济文化等六大类指标对旅游总体规划环境影响进行评价[71]；吴光宇等针对旅游可持续发展评价中存在的不确定性和模糊性，采用模糊三角数作为旅游可持续发展评价的评价测度来消除评价中的模糊性，聘请群组专家同时参与评价来降低评价中的不确定性[72]。

国内外对旅游地资源开发与可持续发展的研究密切结合了各时期、各地域的特色，取得了阶段性进展。随着时间的推移，低碳经济发展方式对景区发展提出了新要求，低碳化发展已逐渐成为景区兼顾经济发展与环境保护的内在要求，而对景区低碳化发展评估方面的研究仍需进一步拓展。

综上所述，国内外学者对旅游地评价方面的研究主要涉及旅游地环境容量或环境承载力分析、基于游客视域对旅游地的评估、旅游资源开发与总体规划对生态环境的影响、环境质量、旅游地可持续发展体系等内容。在回顾相关文献的过程中，发现相关旅游地方面的研究已取得不少成果，为后人的研究也奠定了一定的基础，但仍存在不足：首先，缺乏低碳经济背景下旅游地低碳环保实施效果评价方面的研究，难以揭示旅游地在低碳化建设过程中，其内在系统的有序度、趋势及旅游地低碳化管理的成效；其次，在旅游地评价方法及模型的应用方面，大多限于传统的静态、线性评价方法，如生态足迹方法偏重静态分析、环境容量与生态足迹具有生态偏向性，未提及旅游地经济、社会等方面；最后，以旅游地为研究对象的评价体系，偏重对旅游地自身的研究，缺乏从多视域、多角度的评判分析，将旅游地自身及其利益相关者，如将旅游地管理者、游客、当地居民等作为一个系统整体，进行综合集成测度分析的较少。

针对现阶段关于旅游地环境质量、资源开发、可持续发展等方面评价中的问题和不足，本书以低碳经济时代为背景，以景区系统为主要研究对象，以景区的利益相关者为辅助研究对象，运用定量、定性分析等手段，采用系统分析的方式，建立多维度、多尺度、多角度评价机制，分别从宏观、微观层面展示景区低碳化管理运作下的状态，并预测其发展态势，以综合全面地反映景区发展状况。

2.3　系统评价理论及方法的研究现状

当前应用比较广泛的系统评价的理论基础主要有系统科学、信息论、灰色系统理论、模糊系统论、效用理论、最优化理论、绩效评价理论等。可采用的评价方法及分析方法也种类繁多，主要包括费用效益分析（cost benefit analysis，CBA）、因子分析（factor analysis，FA）、关联矩阵分析（relational matrix analysis，RMA）、德菲尔法（Delphi method，DM）、技术经济分析（technical and economic analysis，TEA）、平衡计分卡（balanced score card，BSC）、经济值增加（economic value added，EVA）、小波分析（wavelet analysis，WA）、层次分析（analytic hierarchy process，AHP）、主成分分析（principal component analysis，PCA）、模糊聚类分析（fuzzy clustering analysis，FCA）、质量功能展开（quality function deployment，QFD）、生命周期评价（life cycle assessment，LCA）、逼近理想解的排序方法（technique for order preference by similarity to ideal solution，TOPSIS）、灰色综合评价（grey comprehensive evaluation，GCE）、模糊综合评价（fuzzy comprehensive evaluation，FCE）、数据包络分析（data envelopment analysis，DEA）、神经网络评价（neural network evaluation，NNE）、物元评价（matter-element evaluation，MEE）、熵评价（entropy evaluation，EE）、决策树评价（decision tree evaluation，DTE）、粗糙集评价（rough set evaluation，RSE）、聚类评价（clustering evaluation，CE）、专家系统评价（expert system evaluation，ESE）等。

上述评价方法操作难度不同；出发角度各异，或是从系统整体角度出发，或是考虑系统局部；分析方法也有较大的区别，一类采用定性分析，另一类采用定量方式。总之，对评价主体采用系统的综合评价主要包含评价指标的筛选、评价指标权重的确定以及评价模型的构建等关键部分。

2.3.1 指标筛选与权重确定

评价指标筛选及权重确定的研究分析集中在对主成分分析、因子分析、德尔菲法、层次分析法等经典方法的使用上。

（1）主成分分析（PCA）法最初是K.皮尔森（K.Pearson）对非随机变量分析而引入的[73]，在此基础上，H.霍特林（H.Hotelling）将该方法推广至对随机变量的分析中[74]，它主要通过多元线性变换技术，将一组数量较多的相关变量转变为一组新的数量较少的正交变量，这些较少的正交变量即是主成分。随后国外学者对主成分分析方法本身及其应用等进行探讨；我国学者自20世纪70年代以来，逐渐将该方法应用至生物、化学、经济、地理、水文、教育、管理等领域。

（2）因子分析（FA）法是斯皮尔曼（Spearman）在关于智力结构的心理测验中最先使用的[75]，可在变量群中提取隐藏的、具有共性的因子，这一分析手段之后被应用于心理学、教育学、产品测试、地质学等范畴。因子分析旨在探求最基本的影响因子，找到隐藏在可测变量后的、无法直接测度的隐性变量，其固有的一些分析方式有探索性因子分析、验证性因子分析、属性数据的因子分析、多层级数据的验证分析等[76]。在国内，不少学者也对FA展开了相关研究，最初FA的应用分析主要出现在地质、生物医学、环境等方面，后被广泛应用于经济、社会、管理等领域。

（3）德尔菲法（DM）产生于20世纪40年代，由奥拉夫·赫尔姆（Olaf Helmer）、诺尔曼·达尔克（Norman Dalkey）首创，戈登（Gordon）、兰德公司（RAND Corporation）在此基础上深化发展而成。Gordon和Helmer联合发表了长远预测研究报告[77]。Dalkey和Helmer探讨了采用专家评议的方式，进行了德尔菲法的应用[78]，Gordon等阐述了德尔菲法是一种将集体意见与个人估计综合快速达成一致性结论的方法[79]。该方法从出现开始，逐渐被人们所接受，现今应用比较广泛。Landeta介绍了德尔菲法在社会科学中的应用，在政策制定等群体决策过程中表现出积极的作用[80]。德尔菲法及其成果于20世纪70年代末传入我国，国内学者在此基础上开展了进一步研究，主要应用在科技预测、经济形势预测、医学、土地集约利用、生态环境可持续发展、教育等相关领域。

（4）层次分析法（AHP）由美国运筹学家匹茨堡大学教授托马斯·L.萨蒂（Thomas L. Saaty）于20世纪70年代提出，1979年Saaty和Vargas发表了关于使用AHP可估计技术系数的研究[81]，1994 年 Saaty 又对层次分析法理论方面及应用过程中比较关键的部分进行了介绍[82]。我国学者对 AHP 的理论与应用研究进行了积极探索，在权重确定或重要程度判定方面，一些学者主要从资源、环境质量、绩效评估等方面，运用该方法赋权或对其改进加以应用。

现有评价指标的筛选主要依赖于主成分分析、因子分析等，运用主成分分析法从标准化的数据中提取主成分时，标准化使各指标的方差变成 1，消除了各指标变异程度上的差异，实际上只包含了各指标间相互影响的这一部分信息，不能准确反映原始数据所包含的全部信息[83]。本书提出采用集成压力-状态-响应(pressure-state-response，PSR)、驱动力-状态-响应(driving-state-response，DSR)两者优势的驱动力-压力-状态-影响-响应(driving-pressure-state-impact-response，DPSIR)概念模型对低碳化景区系统进行要素关联分析，并结合实际，综合集成理论分析、频数统计、专家咨询、相关分析等方法，筛选景区低碳化发展评价指标，构建其评价指标参考集、应用集；而在确定评价指标权重方面，现有方法以偏向主观赋权为主，如层次分析法、德尔菲法等，难免使客观真实的信息丢失，层次分析法容易产生循环而不满足传递性公理，导致标度把握不准并丢失部分信息[84]；若只采用客观赋权法，受主观因素影响较小，但其权重的分配会受到样本数据随机性的影响，不同的样本数据可能会出现不同权重分配方式[85]。基于此，本书提出集成灰色关联法与 G1 法组合赋权法，不但能够体现决策者的主观偏好，而且能反映客观的数据信息。

2.3.2　系统评价方法

在进行系统评价时，常常采用的评价模型有神经网络评价法、模糊综合评判法、数据包络分析法、层次分析法、灰色综合评价法等。

(1)神经网络也称为反向传播(back-propagation，BP)网络，其体现的反向传播算法是目前最为广泛、最具影响的人工神经网络(artificial neural network)学习算法之一[86]。基于 BP 人工神经网络的综合评价是指通过神经网络的自我学习、自适应能力、鲁棒性、容错性，建立接近人类思维方式的评价模型，较好地模拟评估专家进行综合评价的过程，其应用研究文献资料较丰富，近期国内学者在生态旅游、生态系统、旅游环境等方面运用该方法展开了评价研究。

(2)模糊数学由美国加利福尼亚大学的自动控制理论学者、应用数学家扎德(Zadeh)[87]于 1965 年提出，他将隶属函数作为桥梁，将模糊性在形式上转化为确定性，从而可以利用传统的数学方法进行分析和处理。模糊综合评价法是借助模糊数学的一些概念，对实际问题进行综合评价的一种方法，隶属函数与隶属度是模糊评价方法的理论支柱。在模糊集合论创立之后，关野(Sugeno)提出了模糊积分的概念，并将其用于模糊综合评判中[88]。基于此，我国学者汪培庄提出应用模糊矩阵，构建综合评判的设想模型[89]。随后诸多学者采用该方法对生产实际、企业管理、生态群落、银行金融、网络舆情等方面进行评估研究。

(3)数据包络分析(DEA)法是由美国著名运筹学家查恩斯(Charnes)等于1978年创建的一种新的效果评价方法[90]。自从1978年第一个经典DEA模型出现以来，运筹学者们对决策单元的输入(或输出)变量的认识经历了五个阶段[91-93]。作为一种数学规划方法，它一般被用来评价一组多个决策单元(decision making unit，DMU)之间的相对效率，已被普遍接受并获得广泛应用。我国学者关于DEA的研究开始于20世纪80年代中期，周泽昆和陈珽在国内发表了关于DEA的论文，提出DEA是一种评价管理效率的新方法[94]。魏权龄为DEA的研究及其在国内的推广做出了重要贡献[95]，国内学者对DEA理论、方法和应用的研究逐渐增多，研究内容涉及区域经济、生态效率、城市群环境等方面。

(4)层次分析法除了能够辅助确定评价指标的权重，更重要的是它是一种对复杂现象的决策思维过程进行系统化、模型化、数量化的方法[96]，它通过深入分析复杂决策问题的本质、影响因素以及内在关系等，构建一个层次结构模型，然后利用较少的定量信息，把决策的思维过程数字化，从而为求解多目标、多准则或无结构特性的复杂决策问题，提供一种简便的评判决策方法[97]。我国学者运用该方法对项目方案优选、学生管理、教学质量、生态安全、区域发展等开展了评估。

(5)灰色综合评价法是基于灰色系统理论的一种评价方式。由我国著名学者邓聚龙教授于1982年创立的灰色系统理论是一种将控制论的观点、方法延伸到复杂大系统中，用来解决信息不完备系统的数学方法[98]。该理论的发展已赢得国际学术界的广泛重视。

除上述单独使用一种评价方法开展研究外，许多学者根据研究对象的差异性，将两种或多种评价法结合，弥补相应的缺陷，以达到对事物进行综合评价的效果。其中一些研究如下：李力等采用三角模糊层次分析法[99]，蒋波运用主成分分析和归一化径向基函数(radial basis function，RBF)神经网络[100]，王耀斌等利用粗糙集和灰色理论[101]，张和平和陈齐海利用因子分析和DEMATEL方法[102]，王鑫民等采用模糊综合评价和随机森林[103]等分别对资源环境、企业管理、工程管理等领域的问题进行评估研究。

通过对常用的评价理论及方法的初步梳理，发现国内外学者在评价的理论研究及应用研究方面做了积极的尝试，并且取得了丰硕的成果，使得评价理论、评价技术等慢慢地渗入各领域，对各行各业的发展起到了一定的推动作用。

评价对象逐渐从单一主体向多个主体发展；评价对象的影响要素间的关系已不再是单向的，可能是双向的，或是多对多的，彼此间相互作用；评价指标的统计口径也不是某一种量纲，或是多个尺度；评价体系不再独属于某一层级，而是从微观到宏观的分层体系。从复杂科学角度来看，现有的某一类评价方法已不能满足对复杂组织，如旅游景区、旅游社区等的系统评价，必须按照评价目标的要求，针对评价对象的特点，融合两种或多种评价方法，弥补各自方法的不足，提升评价方法的性能，强化集成评价方法的优势，真正地为系统评价开展提供可靠的评价技术基础。

在综合考虑系统评价及方法的基础上，针对旅游景区是一个包含经济、环境、社会的复合系统，内在影响因素较多，因素间彼此关系复杂的情况，本书运用管理熵、管理耗散结构理论，基于管理熵增模型、耗散结构模型，从复杂性科学角度，反映景区系统中各种因素的交互作用，更好地评估景区低碳化发展情况，揭示景区系统内部低碳化状态趋势，并且建立景区系统相对微观层面内影响因素的系统动力学模型，预测其发展趋势，为景区管理服务、旅游资源开发、生态环境保护、游客管理、信息化建设、基础设施维护、服务设施建设等方面提供比较科学的决策依据。

2.4　本 章 小 结

结合本书研究涉及的主要内容，本章主要对低碳旅游、旅游地评价、系统评价理论与方法的相关研究进行梳理，对现有研究进展进行评述，为构建解决“如何评价、预测景区低碳化发展的状况，促使其改善，保持人景和谐共生”这一现实问题的理论研究框架与相关概念模型，以及在前人研究的基础上提炼出所要研究的科学问题及其细化奠定了基础。

第3章　旅游景区低碳经济理论探讨

3.1　低碳经济的内涵及特征

3.1.1　低碳经济的内涵

1972 年，罗马俱乐部发表的报告《增长的极限》第一次对高能耗、高污染的传统工业文明和高碳经济的发展方式做出了反思，自此开启了人类经济发展方式的新纪元。科学研究表明，人类经济活动产生的碳排放是工业化以来全球碳排放增加的主因[104]。2003 年英国发布《能源白皮书：我们能源的未来——创建低碳经济》，由此，向低碳经济转型成为世界经济发展的大趋势，欧美、日本等发达地区和国家及以中国为代表的发展中国家都积极在各领域内转变发展方式，不断致力于新型清洁能源开发，创新低碳科技，降低对环境的破坏及污染。

低碳经济是在生态经济、循环经济、绿色经济的基础上延伸而来的，其内涵随着实践的不断深入得以拓展，根据相关研究者从不同角度对其所做的阐释，其应包括以下三个方面的内涵。

(1) 相对于无约束的碳密集能源生产、消费方式的高碳经济而言，低碳经济是一种以低能耗、低污染、低排放为基础的经济发展模式，其发展关键在于降低单位能源消耗量的碳排放量，即碳强度。

(2) 相对于化石能源的经济发展模式而言，低碳经济应以低碳能源系统、低碳技术体系和低碳产业结构为基础，建立相应的制度体系、市场调节机制，重构与低碳发展相适应的生产方式、消费模式及观念意识。

(3) 相对于人为碳通量而言，低碳经济是一种为解决人为碳通量增加引发的地球生态圈碳失衡而实施的人类自救行为方式，故低碳经济发展的关键在于改变人们的高碳消费倾向，减少碳足迹[105]。

通过梳理上述内涵可以发现低碳经济的两大核心特征，即降低碳排放量、提高效益[106]。因此，低碳经济是在兼顾经济发展的前提下，通过技术创新、制度创新、管理创新，降低资源的消耗，尽可能地减少温室气体和污染物的排放，实现经济、社会、生态的均衡可持续发展。

3.1.2　低碳经济的特征

低碳经济具有鲜明的特征，主要有经济性、技术性与目标性。

(1) 经济性。低碳经济是减少高碳能源消耗的经济发展模式，其发展过程遵循市场经济原则与运行机制，促进社会发展及人民生活水平不断提高。

(2) 技术性。低碳经济的实现要求通过技术进步，创新低碳技术，在提高能源使用效率的同时，尽可能降低碳排放。

(3) 目标性。发展低碳经济的目标，从微观上讲，是将大气环境中温室气体的浓度保持在相对稳定的水平，并使之处于可控范围内；从宏观上讲，则是建设资源节约型社会和环境友好型社会，走可持续发展之路。

从发展模式来看，低碳经济以维护全球碳平衡为最终目标，一方面是通过源头控制，减少碳排放，另一方面则通过末端控制吸收碳排放，以实现经济增长与控制碳环境。它将经济、社会、生态三个子系统引入具有复杂巨系统特征的人类复合生态系统中，其除具有一般系统演化的特征外，还具备开放性、多维性、复杂性、涌现性等特征。也就是说，经济、社会、生态子系统除在各子系统中按照客观规律进行自组织运行外，子系统间还相互影响、相互作用，呈现更高层面上系统整体的自组织运动。

(1) 开放性。低碳经济发展模式的开放性表现为各个子系统间以碳减排为手段、以生产力提高为目标的相互作用过程，以及系统与外界环境的物质、能量、信息的交换。

(2) 多维性。低碳经济发展模式是由多个子系统构成的复杂巨系统，而每个子系统又包含自身的附属系统，由此形成多维度、多层次的系统结构。

(3) 复杂性。低碳经济发展模式是多维一体的复合系统，各子系统间呈现错综复杂的关联关系，以碳减排为手段，寻求效率提升，以一种复杂的、相互耦合的构建方式集成形成“经济-社会-生态”的复杂巨系统。

(4) 涌现性。在发展模式内部，经济、社会和生态各子系统之间通过吸收、反馈、协同、耦合等，在动态中实现系统的优化和创新，从而使系统内部组织和结构经历从简单到复杂、从独立到融合、从封闭到开发、从无序到有序的演化，涌现出各子系统所不具备的整体效应，推进系统整体低碳均衡动态发展[107]。

3.2　旅游景区内涵特征及演化趋势

3.2.1　旅游景区内涵

作为旅游业的龙头，旅游景区是旅游系统的核心部分，它不仅仅是凭借旅游资源及自身特色吸引游客体验游览的重要场所，更是旅游经济产生及发展的原动力。旅游景区理论方面的探讨并没有伴随实践层面的深入而进一步延伸，同时由于国内外学术界对旅游景区理论认识程度不一，故对旅游景区的相关定义、类型等基础概念未达成统一认识。

国外学者对旅游景区的定义主要从功能、要素等方面入手，其中比较有代表性的有，Lew 认为旅游景区本质上包括吸引旅游者离开居住地前往其他地方的所有要素，通常含有可参观的风景、可参加的活动和可记忆的经历[108]；Leiper 认为当旅游者或人的要素、核心吸引物或中心要素以及标志或信息要素三个要素相互联系时，就形成旅游景区[109]；维克多·密德尔敦提出旅游景区是为满足公众的享受、娱乐和教育而受控制和管理的任一指定资源[110]；Hu 和 Wall 提出旅游景区是一种天然或人造的永久性资源，其开发和管理的主要目的是吸引游客，从而获得经济利益[111]；MacCannell 和赵红梅将旅游景区定义为游客、景观和标志之间的经验性关系[112]。

国内学术界对旅游景区的理论研究多是立足我国实际进行探讨，其中杨正泰指出旅游景点、景区是旅游者到达旅游地之后的重要活动场所，泛指具有一定自然或人文景观，可供游人游览并满足某种旅游经历的空间环境[113]；王通等认为旅游景区是旅游者产生旅游动机的直接吸引因素之一，是旅游业发展的物质载体与主体依托[114]；白子怡等指出旅游景区是以旅游及其相关活动为主要功能的区域，是旅游业发展的物质基础，也是区域旅游吸引力产生的核心因素[115]；舒小林等认为旅游景区是游客旅游行为产生的核心吸引物，也是目的地旅游产业链的关键环节[116]。

由上可知，国内外诸多学者对旅游景区概念的探讨难以形成一致认识，但不可否认旅游景区至少包含如下内容：首先，它是客观存在而将各种各样的旅游资源呈现给游客的空间载体；其次，经历资源开发过程的旅游资源成为一种旅游产品，具有吸引游客、激发游客兴趣之效；再次，它可提供形式多样的旅游产品及服务，满足游客观光游览、休闲度假等需求；最后，它的开发管理应由专门机构统一管理。

综上所述，旅游景区是具有美学、科学和历史价值的各类自然景观和人文景观的地域空间[117]，能够吸引游客前往游览，提供必要的服务设施，满足游客参观、游览、康乐、求知等旅游需求，并有统一的管理机构。由于自然景观更多依赖生态环境保护状况，低碳化发展对其影响作用更为明显，故本书研究侧重对具有自然景观的旅游景区(自然风景区，以下简称景区)进行探讨。

3.2.2 旅游景区特征及分类

作为一个有机系统，由内部系统和外部系统相互作用而形成的旅游景区具有如下特征(图 3.1)。

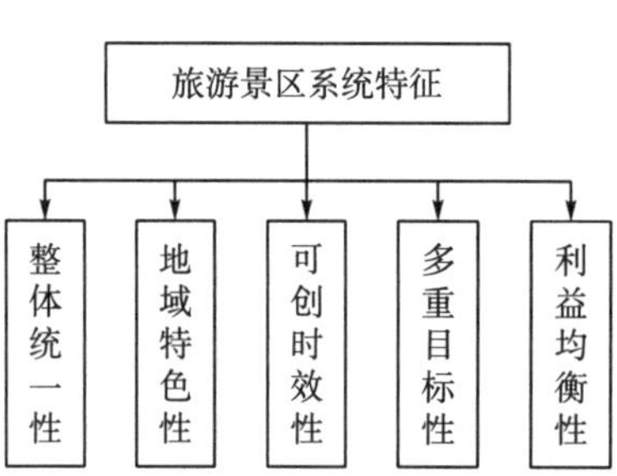

图 3.1 旅游景区系统特征

(1)整体统一性。旅游景区系统中包含构成内在吸引力与驱动力系统的部分和整合所在区域的社会、经济、文化、民俗等要素，内化融合为一个统一的整体。这些要素呈现多元化，彼此间相互影响、相互依存，关系错综复杂，在游客游览中产生联动效应，共同作用于旅游体验过程。构成旅游产品和旅游服务的每个要素质量都应保持统一性、一致性，由于构成组织各部分的质量一般参差不齐，劣势部分通常决定着整体的水平，若任一要素质量低劣，必然会出现“木桶效应”，影响景区的被认可度，降低游客满意度。

(2) 地域特色性。旅游景区的形成受诸如自然环境、社会经济、历史文化等客观条件的影响与制约，其中一些要素发挥着决定性作用，从而体现了地域的差异性，恰恰是这种差异形成了特色，这也决定了具有地方特色的景观特性。

(3) 可创时效性。旅游景区的呈现、发展及变化过程，伴随着经济的发展、社会文化的变迁、审美观念的改变等，旅游产品及服务在这些条件综合作用的影响下，也会随之发生变化，因而具有可创性，产品创新、服务与时俱进。时效性成为旅游景区延续吸引力、保有竞争力的必然，当然这也要求经营管理机构的管理机制具有可创时效性，以迎合游客需求。

(4) 多重目标性。旅游景区的旅游产品、旅游服务与设施为游客，乃至社会成员共享，这由资源公共性所决定。它不但承担着为游客提供观光游览、休闲度假等功能，而且为各界学者提供了科学考察、探讨旅游经济、研究自然环境等方面的研究对象，进一步体现了旅游景区系统目标的多重性。

(5) 利益均衡性。旅游景区是旅游活动生产与消费共同作用的场所，在景区系统中需要将游客消费经历的满意度与景区对游客行为的承载性相融合统一。与此同时，旅游资源具有独特性，易于受到来自发展旅游经济压力的不利影响，如季节性客流量过大、服务设施供不应求的问题，对生态效益、社会效益，乃至对所追求经济效益的可持续性增长均有不利影响，所以必须在旅游景区系统中，使基于景区的多个利益主体——管理者、游客、当地居民等的利益均衡化，在兼顾生态环境保护的同时，促使旅游经济发展。

基于旅游景区的内涵与特征，国内外学者对旅游景区的分类方式也较为多样，大致可归结为四种划分方式：第一，按照景区资源属性分类，如世界遗产体系(约翰·斯沃布鲁克、杨正泰等所提出的划分法)；第二，按照景区功能分类，如美国的国家公园体系(岳怀仁、邹统钎等据此划分)；第三，从旅游需求角度分类，如甘恩提出短时巡视型与长时聚集型两种；第四，根据所有权类型划分为国有景区、民办景区和私营景区[118]。每一种类别的划分方法基于不同的目标或使用途径，有一定的适用性和合理性。

3.2.3　旅游景区演化趋势

美国哈佛大学教授雷蒙德·弗农于 1966 年提出产品生命周期理论，他认为一般产品在从开始进入市场到被市场淘汰的整个过程中，主要经历开发、引进、成长、成熟、衰退阶段，该周期一般可分成初始期(或引入期)、成长期、成熟期和衰退期四个阶段，如图 3.2 所示，表现的是通常情况下的具有一定代表性的产品生命周期变化。结合实际，不同产品的生命周期曲线形状、长短、经历阶段都会有所差异。

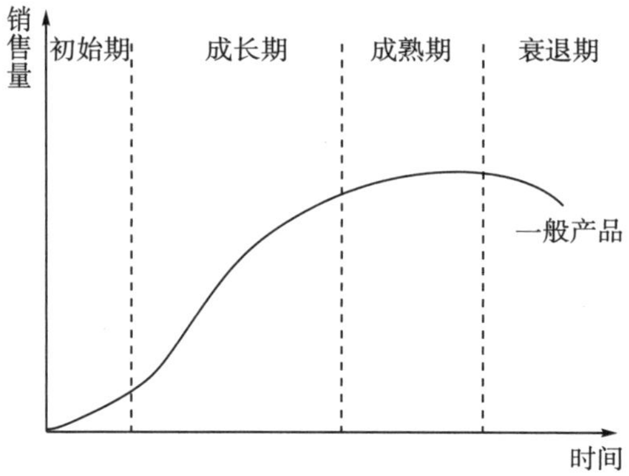

图 3.2 产品生命周期

包含旅游景区的旅游地的演化趋势也呈现出类似于产品生命周期的过程，具有多个演化阶段。关于旅游地生命周期理论的探讨可追溯至 20 世纪 60 年代，而被各国学者认可并广泛应用、在业界较具代表性与权威性的旅游地生命周期理论是由加拿大学者巴特勒(Butler)提出的，他以产品生命周期模式为基础，描述旅游地演化趋势，旅游地的演化一般经过探索、参与、发展、巩固、停滞、衰落或复苏六个阶段[119]。因此，从长时期来看，旅游景区演化趋势如图 3.3 所示。

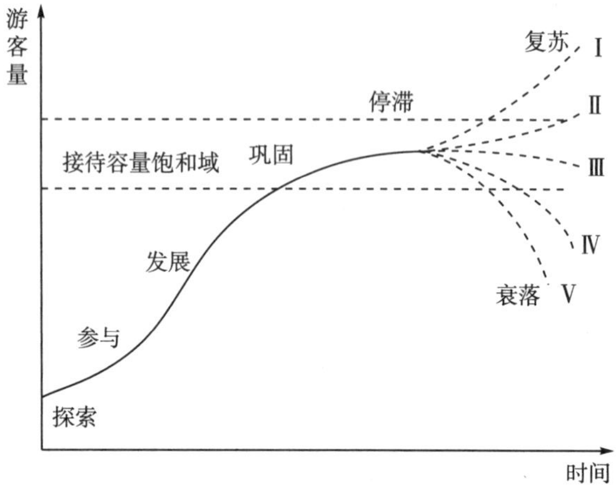

图 3.3 旅游景区生命周期及演化趋势

探索阶段是指在旅游景区发展初期，景区开发及建设刚刚起步，接待游客量很少，景区自然环境、社会环境没有因旅游业的发展而出现变化；参与阶段表明随着游客量的增多，旅游经济预期效益明显，旅游景区再投资受到主管部门的关注，进一步加大对旅游基础设施的投入，景区周边的当地居民加入旅游业，为游客提供简便旅游服务，景区管理机构逐步加强景区宣传，吸引潜在游客，旅游市场呈现季节性变化；发展阶段，景区知名度提升吸引更多游客前往，旅游市场逐渐成熟，外来投资增加，为旅游景区开发创新旅游产品、建设先进的旅游设施、提升旅游服务提供了契机，自然生态环境及社会环境变化明显；巩固阶段，游客量逐年递增，但增长速度开始下降，趋于平稳，旅游经济效益增幅稳定，同时为缓和旅游市场季节性差异，研发新的旅游产品，搭建多层次的旅游服务体系，加大宣传力度，刺激与满足各时期游客的各类需求；停滞阶段，游客量达到景区可承受范围的上限，达到峰值，环境、社会、经济问题凸显，景区主要依赖回头客发展旅游经济，接待设施供大于求，保持游客规模需付出大量人力、物力、财力；衰落阶段，游客流失，生态环境遭到破坏，旅游吸引物或被“人造”设施取代，吸引力逐渐减弱，旅游设施被移作他用，地方投资重新取代外来投资占主要地位。另外，旅游景区也可能进入复苏阶段，恢复生态环境，迎合游客心理需求，塑造当前旅游理念，较新的旅游吸引物取代原有旅游吸引物，尽可能发挥未开发旅游资源的优势，重新启动旅游市场。

在景区进入衰落或复苏阶段时，有可能发生 5 种情况，如图 3.3 曲线Ⅰ、Ⅱ、Ⅲ、Ⅳ、Ⅴ所示。曲线Ⅰ指深度开发景区旅游资源成效显著，扩大市场，促进游客再增加。曲线Ⅱ指在较小规模范围内对景区进行改造和调整，注重对资源吸引力与生态环境的保护，游客量有较小幅度增长。曲线Ⅲ指再调整满足各种容量水平，可遏制游客量下滑的趋势，使之保持在一个稳定水平。曲线Ⅳ指旅游资源过度利用，生态环境被严重破坏，竞争能力降低导致游客量显著下降。曲线Ⅴ指战争、瘟疫或其他灾难性事件的发生，导致游客量急剧下降，这使游客量再恢复到以往水平非常困难[120]。

3.3　旅游景区低碳经济发展理论内涵及相关概念界定

3.3.1　旅游景区低碳经济发展理论内涵

低碳经济时代到来，全球环境问题的凸显对旅游业的发展提出了新要求，在发展旅游经济的同时，解决生态资源与环境保护问题刻不容缓，旅游景区发展被赋予了与时代相符、与前沿接轨的新内涵，寻求从传统的粗放型向新兴的集约型发展方式转变，促进自身低碳化建设，实现社会效益、经济效益与生态效益协调发展成为其必然选择。

以低碳经济内涵为基础，旅游景区低碳经济发展是指在游客食、住、行、游、娱、购等旅行过程中，景区所提供的经营管理、资源开发、游客接待、游客行为引导等服务必须采用低碳化方式，注重对生态环境的保护与修复，降低游客行为对生态的不利影响，实现单位碳排放经济效益最大化，追求资源高效利用，促进人景和谐发展。

1. 旅游经济发展与环境保护

旅游景区既是风景优美的旅游区，又是生态平衡的促进者，譬如一些国家级风景名胜区既承担着发展旅游产业，促进旅游经济发展的责任，同时还要发挥其生态屏障功能。这两项功能对旅游业的发展都十分重要，但二者又是矛盾的：如果一味追求“门票经济”，旅游资源无序开发，容易导致碳和其他污染物排放量加大，造成生态环境破坏，而生态环境遭受破坏又必然制约旅游经济的发展，形成恶性循环；如果过度保护，又会遏制日趋旺盛的公众旅游需求和制约旅游经济的发展。故不能为了经济发展而牺牲生态环境，兼顾两者，旅游景区低碳化发展是旅游景区在发展旅游经济的同时，保护自然生态环境的双赢之举。

2. 景区低碳化发展与旅游经济增长

由低碳经济内涵可知，发展旅游景区低碳经济，促进景区低碳化建设与发展，碳排放控制对景区游客量增长有一定影响，对游客不当行为加以引导限制，对景区经营管理、旅游服务水平提出了更高的要求，但这绝不只是注重二氧化碳的排放、生态环境的保护，更是一个综合性的体系，结合我国实际，旅游景区运作资金主要来源于旅游经济增长，除用于生态环境与资源保护、景区建设外，还用于景区当地社会的管理与发展。与此同时，景区低碳化发展、低碳管理的实施离不开旅游收入的支持，因此在景区低碳化发展历程中，正确对待与处理旅游经济增长与低碳化发展的关系，是景区低碳化发展能否呈持续性态势，实现景区经济效益、社会效益、生态效益均衡发展的关键。

3. 低碳技术创新与景区集成管理

减少发展旅游经济带来的大量游客对景区生态的破坏，调节高峰期游客量对景区的影响程度，实现对游客与景区的统一管理，低碳技术的创新与发展、集成管理是关键所在。创新低碳技术，应用生态环境监测技术，在时间和空间上对景区的生态系统结构、功能等进行系统的测定和观察，实时监测碳排放量、大气、生态地质、植被、水体资源等，利用现代信息技术，监控和解决景区旅游高峰拥挤和生态环境破坏加剧的问题；提升景区经营管理与服务水平，加强集成管理方式，与低碳技术应用相匹配，发挥合力效应，为发展低能耗、低污染、低排放的旅游经济奠定基础。

3.3.2 低碳化景区系统与低碳景区系统的概念界定

低碳经济理念产生于 20 世纪末，作为一种新的经济发展模式渗透于各个产业领域中。由于发展历程较短，将低碳经济理念应用于旅游产业是一个相对较新的研究领域，尚未形成明确的低碳经济与旅游景区关联体系。建设低碳景区是发展低能耗、低污染、低排放的绿色旅游的基础，也是提高生态文明水平的重要举措之一。由于低碳景区方面的相关内容属前沿领域，低碳景区的提出及构建仅仅处于探索阶段，研究文献较少，各方面的研究尚待深入与完善。

1. 低碳化景区系统(DTAS)

通过对旅游景区的实地调查及对低碳领域的探究，在复杂性科学、系统工程理论以及信息技术的指导及支撑下，本书认为低碳化景区是指处于低碳经济时代，旅游景区在运行过程中，倡导低能耗、低污染、低排放的新型旅游经济增长方式和高效集成管理理念，在发展自身旅游经济、带动社区发展的同时，将“低碳化”与“发展”紧密结合，运用各种先进科学技术和综合集成管理手段，提升景区节能和环保水平，提高植被覆盖率，使景区游客人均碳排放量下降，单位碳排放量收益上升，碳汇能力增强，能耗效率提升，污染程度降低，从而促使旅游经济与自然生态环境协调发展、人景和谐共处，实现经济效益、生态效益、社会效益协调统一，不断实现低碳化发展过程的旅游区域。低碳化景区系统包含实现低碳化景区各种有机联系的要素、系统结构、低碳技术与方法等内容，其发展是一种低碳化建设的过程，它不仅仅关注“低碳化”或是“发展”，而是使其发展“低碳化”“绿色化”，即寻求低碳化旅游经济发展方式，推动景区复合系统的全面发展。

2. 低碳景区系统(LTAS)

低碳景区系统是低碳化景区系统发展到一定阶段的产物，景区系统包含低碳化程度、低碳技术应用、管理服务等在内的经济、生态、社会等效益水平及相关指标数值均上升至一定值或达到一定约束限制，在同行业内处于相对领先水平。根据中国社会科学院 2010 年发布的低碳城市标准，当一个城市的低碳生产力指标超过全国平均水平的 20%时，即可被认定为“低碳”，此低碳水平意味着其显著优于全国城市平均水平[121]。此思路是从相对角度而言，基于此，如果某旅游景区的低碳化发展指标能够超过其他同类景区平均水平的 20%，也可判定为“低碳”，即与多个景区的状况相比，该景区是处于相对“低碳”的领先水平。需要说明的是，该指标数值(20%)也随着社会生产力、科学技术、管理等的发展而动态变化。而从绝对角度而言，低碳景区在旅游经济可持续发展、低碳控制、低碳旅游管理等方面不但自身变化呈现低碳化发展趋势或保持平稳发展状态，而且影响低碳景区发展各个要素的表征数据至少应达到国际或国内低碳景区标准体系中的相关要求。

3. 低碳化景区与低碳景区比较

首先，从本质内涵上看，不论是低碳化景区，还是低碳景区，均是以旅游景区与人类和谐共处为长远发展目标，促进旅游景区由传统型发展方式向集约型发展方式转变，通过各种新兴技术、集成管理手段，提高景区管理效率，提高节约、节能和环保水平，保护和提高植被覆盖率，使景区游客人均碳排放量降低，碳汇能力增强，以实现旅游经济与自然生态环境和谐共生可持续发展。

其次，从时间周期上看，低碳理念被人们认识了解、接受认可、深入人心直至指导人类实践，在当前信息化时代仍需一段时间才能实现，与此同时，低碳经济发展对旅游业领域的影响越来越深，低碳技术从出现到广泛投入使用将经历相当长的探索，这些决定了旅游景区的低碳化发展周期，从传统型景区，践行低碳化，成为低碳化景区，继而转化为低碳景区，应以低碳理念、低碳技术及集成管理等方方面面的合力作用为基础，如果各方面的发展状况比较适用于景区系统的旅游经济发展与环境保护，利于实施低碳化转型与建设，那么这一周期是可以缩短的。如果当前一些景区在选择低碳化转型路径时，节能减排的成本加大，且难以通过其旅游经济发展来缓解这一压力，景区环境保护与旅游经济发展两者的平衡也需要一些时间来寻找突破点，如此，这些景区系统改变其原有发展方式，向低碳景区系统逐渐转变需要经历相当长的时间。

再次，从发展阶段而言，前者是过程状态，后者是结果状态，低碳化发展是景区系统发展的过程阶段，而低碳景区系统是在低碳化景区系统的基础上产生的，且是景区系统低碳化转型的结果状态。低碳化景区系统，尽管未达到低碳景区系统的目标要求，但其趋势良好，它是景区系统寻求关键经济增长方式、促进人景和谐发展、保有生态环境可持续发展态势、向低碳景区系统转化的必经过程及中间状态。如果景区系统有序向着低碳化转变，表示面向可持续发展，景区系统践行低碳化建设之路，意味着景区系统实施高效低耗措施，使得运行效率提高，单位碳排放量带来更多效益；反之，景区系统的管理者需通过有效控制碳排放的手段，如提高碳汇能力等，使系统运行有序，建立低碳化景区系统，系统碳排放量得到有效控制，形成低碳景区系统，真正实现景区系统的高效和低耗目标，促使景区系统可持续发展。当影响低碳景区发展的内在、外在因素对低碳景区系统产生不利作用，且景区系统管理者难以缓解这一困境，导致这一作用无限制扩大，必然会使景区系统失去“低碳”，系统良性发展将遭受巨大阻力。

3.3.3 低碳化景区的目标及层次

1. 低碳化景区目标

根据低碳化景区的内涵，以生态效益、经济效益、社会效益的协调发展为统一目标(图 3.4)，生态效益侧重亲近大自然，与生态环境建立友好和谐的关系，促进景区生态系统良性循环，保持生态环境系统平衡；经济效益则是致力于景区旅游收入的增加，景区投资效益的提高，各类旅游资源、服务设施等利用效率的提升，景区运营成本的降低；社会效益注重与利益相关者共享景区资源，向游客提供优质服务，快速高效地满足人们日益增长的参观、游览、求知等需求，为当地居民生活水平提高、物质文明与精神文明建设提供坚实基础，为景区工作人员营造优美的工作环境，为景区及周边区域联动发展发挥积极作用。

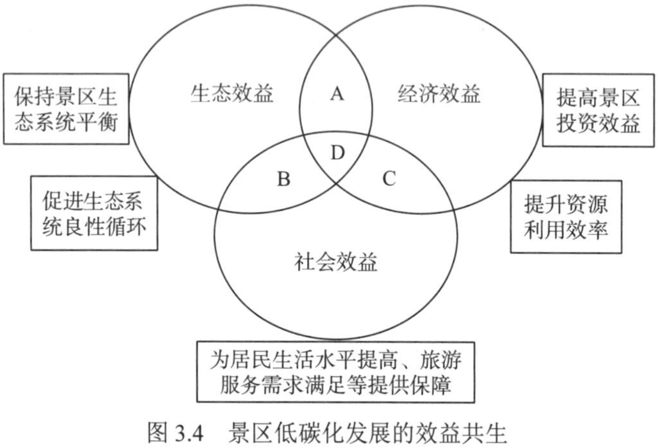

图 3.4 景区低碳化发展的效益共生

A—生态效益与经济效益共生；B—生态效益与社会效益共生；C—经济效益与社会效益共生；D—生态效益、经济效益、社会效益共生

低碳化景区发展是生态效益、经济效益、社会效益交织的体现，它们之间存在相互作用、相互影响的关系，低碳化景区寻求的低碳化发展方式是以景区旅游生态资源为载体，在降低对自然生态环境的不利影响、保有自然生态环境系统平衡性、持续体现生态效益的基础上，促进旅游经济的发展，获取经济效益增长，从而为居民生活水平提高、旅游服务需求满足、地方经济发展助推等社会效益的实现奠定基础。如果仅仅关注某一类效益的提

升，而忽略其他效益，将对低碳化景区的发展极为不利，若景区仅谋求旅游经济发展，对游客规模不加以控制，大力开发旅游资源，扩大景区接待能力，则景区将面临生态环境容量难以承载游客量、碳排放量、污水量、垃圾量等问题，且难以缓解，景区发展将只是“昙花一现”，难以为继；若景区仅仅以保护自然生态环境为唯一目标，不发展旅游经济，没有地方或国家的资助，则其生态环境保护所需人力、财力等资源将缺乏稳定的来源支撑，景区保护将难以持续；若景区只关注生态效益与经济效益的维持，不与景区当地居民共享经济成果，与当地居民关系处理不善，则当地居民将会对景区发展造成影响，人景和谐共生局面难以达成。所以具有生态、经济、社会等多成分的低碳化景区发展依赖这三者效益的共同发展，即在两两交互作用下，形成三者共同影响下的景区系统低碳化发展。

因此，通过应用科学技术研究成果，依靠现代管理方法，在减少旅游行为对自然生态系统的破坏，维持景区生态系统有序发展的基础上，激发景区对潜在游客的吸引力，最大限度地利用有限的资源，获取与积累长期支撑景区系统可持续发展的经济物质基础，在时间长度与服务深度上更好地满足人们日趋增长的精神文化需求，改善人们物质、文化、生活及健康水平等方面，实现几者利益的均衡协调发展是景区低碳化发展的最终目标。

2. 低碳化景区层次结构

为更好地体现景区的综合效益，在持续发展旅游经济，满足游客需求的同时，保护生态资源，降低能耗与碳排放强度，提高单位碳及资源的利用效率，将景区“经济-生态-社会”复合系统引向更加和谐、有效的状态，体现了兼顾多种效益的均衡发展。在这一发展条件的要求下，低碳化景区由生态环境、旅游经济、社会环境等相关要素构成，其中生态环境包含景区的大气、水、地表、动植物等；旅游经济主要包括由景区开展游客接待服务而带来的各类旅游经济收入等；社会环境包含景区居民的生活水平、人口素质、民俗文化等。这众多要素间的交互融合、协调发展，进一步促进低碳化景区有序变化。多个要素集合既要体现与低碳化景区的生态效益、经济效益、社会效益等目标关联的经济运行、生态表征、社会发展等方面的状况，又要体现要素间的交互作用，展现在该复合系统低碳化发展过程中，低碳控制与建设保障对三者效益实现而彼此间存在的影响作用，如图 3.5 所示。

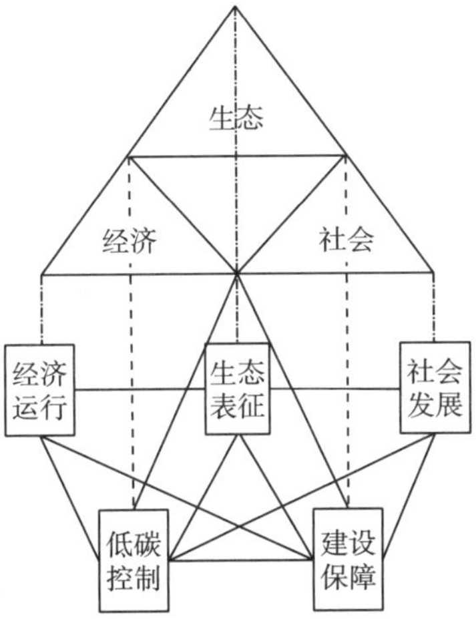

图 3.5　低碳化景区复合系统的结构框架

在景区多种效益共生的基础上，景区低碳化建设适应低碳经济社会发展要求，它是景区可持续发展、保护式发展的具体体现，为其协同发展提供了一种方式，运用这种方式，易于表现在景区发展过程中，包含当地居民、员工等在内的建设者的主观能动性，因此在对低碳化景区复合系统结构细化的基础上，不但要展现社会、环境、经济方面的发展状况，而且需要进一步反映景区低碳化发展历程中取得的成效及维持景区正常运行所做的基础保障。由于低碳化景区是一个含有多种因素的综合系统，故本书主要立足景区自身发展，低碳化景区复合系统效益最大化可由经济运行、社会发展、生态表征、低碳控制、建设保障五个方面体现，其概念模型如下：

$$\text{Max(DTAS)} = f(x_1, x_2, x_3, x_4, x_5) \tag{3-1}$$

式中，x_1表示经济运行子系统(economic operation subsystem，EOS)；x_2表示社会发展子系统(social development subsystem，SDS)；x_3表示生态表征子系统(environmental representation subsystem，ERS)；x_4表示低碳控制子系统(decarbonated control subsystem，DCS)；x_5表示建设保障子系统(constructive guarantee subsystem，CGS)。

在此基础上，自上而下地概要解析低碳化景区复合系统，如图 3.6 所示。

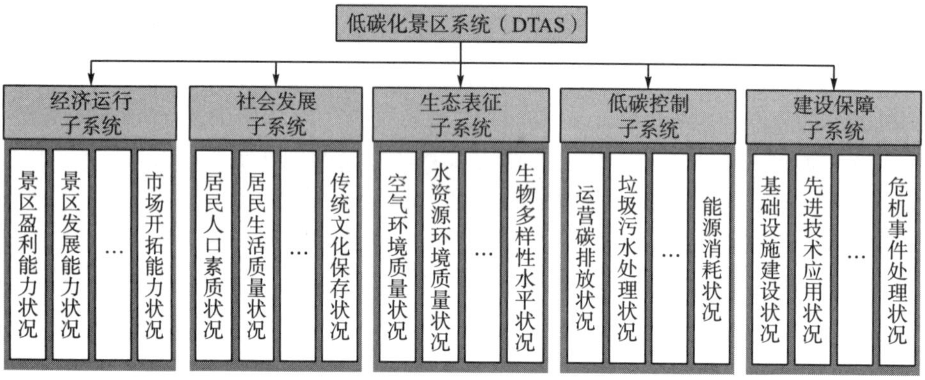

图 3.6 低碳化景区复合系统解析

本书在对多个子系统进行解析的基础上，进一步实现效益从微观态到宏观态的集中体现，不但考察景区在经济运行、社会发展、生态表征、低碳控制、建设保障等多个维度的表现，而且基于管理熵与管理耗散结构，衡量在实现多个效益的基础上，景区系统的低碳化发展趋势。

3.3.4 低碳化景区要素关联分析

低碳化景区包含的要素分属各个子系统，要素间相互作用(或是促进作用，或是抑制作用)而呈现出景区各层面的状态。为进一步阐述低碳化景区的要素及其前后关联关系，结合在探究环境评估、资源可持续利用及区域系统等过程中，一些概念模型、逻辑框架对研究系统的结构及其内在要素关联发挥了比较重要的作用，诸如由加拿大统计学家安东尼·弗雷德 1970 年建立并被经济合作和发展组织(Organization for Economic Cooperation and Development，OECD)所使用的 PSR 模型[122]、联合国可持续发展委员会研究的 DSR 模型、联合国于 1993 年提出并被欧洲环境局所采纳的 DPSIR 概念模型[123]等。

本书运用 DPSIR 概念模型进行分析，由于 DPSIR 是在 PSR、DSR 的基础上，结合了两者的优势而建立的揭示环境与经济的因果关系，探讨环境、经济、社会、资源发展等问题的框架模型，具有系统性、综合性、灵活性等特点[124]。同时它描述了一条因果关系链，人口、社会、经济等所构成复合系统的发展要求作为持续不断的驱动力(driving force，D)作用于生态环境，形成对环境的压力(pressure，P)，致使生态环境状态(state，S)发生转变，进一步对各类生态资源环境造成不同程度的影响(impact，I)，这些有利或不利影响使得人类根据生态环境状态变化情况，做出相应响应(response，R)，响应举措又作用于整个复合系统的各方面。这一些连锁反应综合了 PSR、DSR 模型中的各要素，进一步深化了对问题的认识，细化了概念模型中的内在关系，揭示了复合系统中要素间的因果关联，如图 3.7 所示。如此，与探讨低碳化景区内在要素的关联分析是一致的。

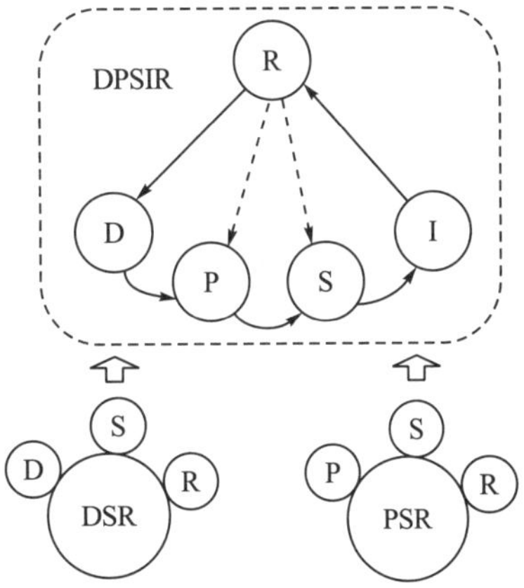

图 3.7　DPSIR 概念模型框架

低碳化景区系统分析涉及社会、经济、环境、资源等领域的融合，如何在低碳经济的视角下，将景区的经济运行、社会发展、生态表征、建设保障、低碳控制等方面的相关要素囊括在这个复合系统中，将复杂问题简化，DPSIR 概念模型为我们展现了一条思考路径，如图 3.8 所示。

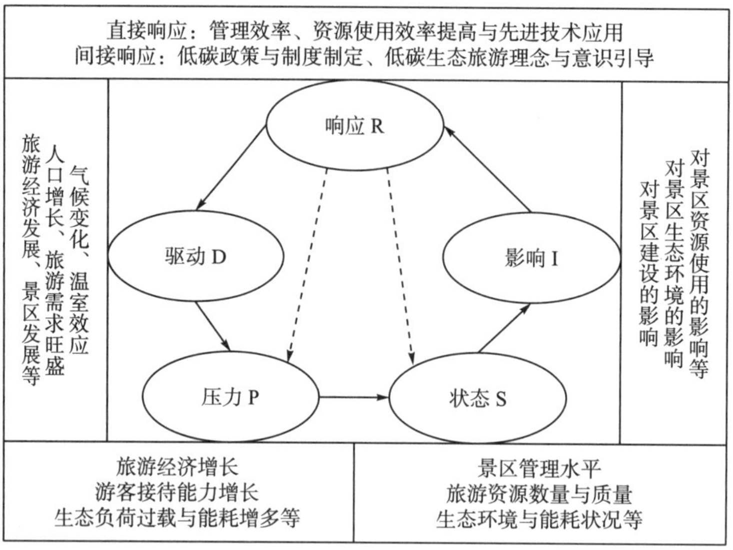

图 3.8 基于 DPSIR 的低碳化景区内在结构关联分析

1. 低碳化景区的驱动

在景区低碳化建设过程中，其发展中的驱动力或推动力是引起景区系统资源环境等变化的潜在原因，是促使压力产生的潜在力量，主要包括自然生态驱动力与社会经济驱动力。自然生态驱动力是指景区系统因人类旅游活动而遭受破坏，进而导致温室效应加剧等气候异常现象及难以避免的自然灾害等；社会经济驱动力包含旅游需求趋于旺盛、旅游经济发展等景区旅游市场变化及社会人口的增长等。在宏观上，气候变化、温室效应等现象为景区发展提出了发展的方向及信号，全球推动经济绿色增长的态势潜在影响着旅游景区的运营方式，自然灾害的出现具有突发性与地区性，对景区的破坏作用很大；在中观上，旅游产业发展带动着整个产业链上各个环节的协同发展；在微观上，景区在讲求自身发展的同时，需与生态环境保持更为友好的关系，既要满足当前发展所需，又要为未来发展提供机会。

2. 低碳化景区的压力

各种自然生态驱动力与社会经济驱动力对景区发展的压力集中表现在随着旅游经济增长，景区接待游客人数激增，游客大规模的消费行为造成了能源消耗过多、生态负荷过载，给旅游资源完整性、传统文化资源传播带来了较大的负面影响[125]，各种旅游服务提供者、旅游服务体验者的行为对景区超负荷运转、景区过度开发等造成的消极效应也开始出现，并逐渐显示出其巨大的潜在威胁，对旅游资源的过度开发甚至掠夺性开发、景区的粗放式经营、服务设施建设的病态膨胀[126]、景区遭到游客的破坏等，都对景区施加着不同程度的压力。

3. 低碳化景区的状态

伴随着不同驱动力与压力的影响，景区系统的状态是经受各种压力作用的集中表现，分别由景区的管理水平、旅游资源数量与质量、生态环境与能耗等状况来体现。当景区系统所受压力过大，即在不利于景区低碳化发展的条件下，景区系统将处于各种考验中，景区管理水平面临着巨大挑战、旅游资源数量与质量受到威胁、生态环境承载难以为继、景区能源消耗与碳排放加剧等，系统将出现混乱而无序的状态，不利于景区系统低碳化发展；当景区系统所受的压力在可承受范围内时，景区系统在驱动力、压力的共同影响下，根据自身接待能力、资源禀赋状况，通过对自身管理的调控，降低运营成本，提高服务质量与资源利用效率，尽可能地避免生态环境遭到破坏，对已被破坏的生态环境及时修复，进一步促进景区系统低碳化发展。低碳化景区状态判别是研究景区系统低碳化发展的基础，也是为景区发展提供决策依据的辅助方式。

4. 低碳化景区的影响

低碳化景区的状态与景区自身的发展密切相关，不断变化的景区系统状态对景区所处的生态、经济、社会等系统产生影响。景区系统的低碳化发展对景区系统的建设保障、低碳控制等方面的影响也较为直接。集约式发展的低碳化景区对景区基础与服务设施建设、技术应用水平等，对景区大气、水环境质量、生物多样性等，对景区资源利用效率、运营成本、垃圾污水与碳排放等提出了更高要求，使得景区基础设施、服务设施更完善，技术应用更满足现实需求，景区生态环境质量更符合旅游者的美好期望，资源利用更加高效，各类成本与污染物更易控制，景区经济、社会等方面在低碳化景区的积极影响下得以改善。

5. 低碳化景区的响应

社会经济发展对景区系统的压力，形成了景区系统的当前状态，景区系统的状态反过来又会逐渐由小至大、由浅入深、由短期向长期地影响着社会经济发展进程、人类物质文明与精神文明建设。为实现人景和谐共处的长远发展，人类必须调整自身对景区系统的行为，从景区系统来看，可分为直接响应与间接响应。前者主要指景区管理者在景区运营过程中，应用先进科学技术，提高景区管理效率、资源利用水平、服务质量等；后者从政府及相关部门角度，制定低碳政策与制度，面向全社会倡导低碳生态旅游理念，使人们树立低碳生活、低碳生态旅游的意识。

3.3.5　低碳化景区的功能及特性

1. 低碳化景区功能

低碳化景区复合系统包含生态、经济、社会等方面，其功能主要有能量流动、物质循环、信息传递、价值增值、社会服务和管理服务等。能量是一切生态系统的动力源泉，也是生态系统存在与发展的基础，物质是能量的载体，在生态系统中周而复始地循环，生物群落间的信息传递是生态系统的调节器。能量流动、物质循环、信息传递功能是生态系统的核心，也是以自然生态为基础的低碳化景区复合系统的重要功能，同时它又包含着经济成分与社会成分的功能，故在旅游服务过程中，其服务经济价值流动使其具备价值增值功能，其向居民提供的社会服务，使其具有社会服务功能，并通过管理服务功能，使交织着能量流、物质流、信息流、价值流的系统自我调节适应，产生自组织现象。

1）能量流动

能量流动是生态系统功能的基本内容。低碳化景区复合系统中自然生态多样性部分能量的来源是太阳能，人类活动和文化多样性部分能量的来源除太阳能外，还有大量复合系统外输入的辅助能量。低碳化景区复合系统能量的一大特征是复合系统外输入的辅助能量在维持生态系统能量输入和输出的平衡中，起着举足轻重的作用。

如图 3.9 所示，自然生态多样性部分中，植物能够利用太阳能直接制造有机物，维持动植物的生存，并积累生物量。人类活动和文化多样性部分获得的能量，除复合系统自身提供的各种形式的能量外，基本上是复合系统外以化石燃料、粮食等物质形式输入的辅助能量。复合系统外输入的电能、化石燃料、粮食、天然气、液化气等物质包含大量能量，这些辅助能量贯穿食、住、行、游、购、娱等旅游环节，使游客正常进入和离开景区系统并进行旅游活动，使维持景区系统日常运行的管理者开展景区管理、服务、建设等活动，满足景区系统中居民日常生活能量所需。因此，由于生态系统的存在，各类系统组成的低碳化景区复合系统的正常运作，在很大程度上依赖着系统外辅助能量输入，系统内能量及外部辅助能量随着物质流的流动而逐渐转化和消耗。

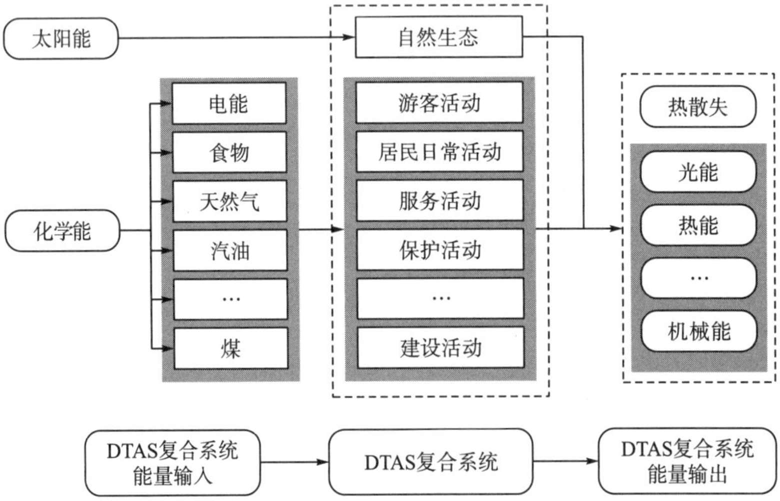

图 3.9　低碳化景区复合系统的能量流

2) 物质循环

物质循环也是生态系统的基本功能之一。低碳化景区复合系统不但具有维持自然生态成分功能的正常物质循环，还有维持社会经济成分功能的物质循环。维持自然生态成分功能的正常物质循环包括水、氮、钙、磷等元素的循环，它们或是在动植物、微生物内部循环，或是在无生命的环境与生物群落之间循环。在没有人为过度干扰的情况下，复合系统的物质输入输出间是基本平衡的。

而低碳化景区复合系统中维持社会经济成分功能的物质循环与上述特征有所不同，一方面是复合系统外大量的物质输入维持着低碳化景区复合系统正常的物质循环；另一方面是低碳化景区复合系统内的物质大量地以固、液、气形态污染物的形式输出，如图 3.10 所示。

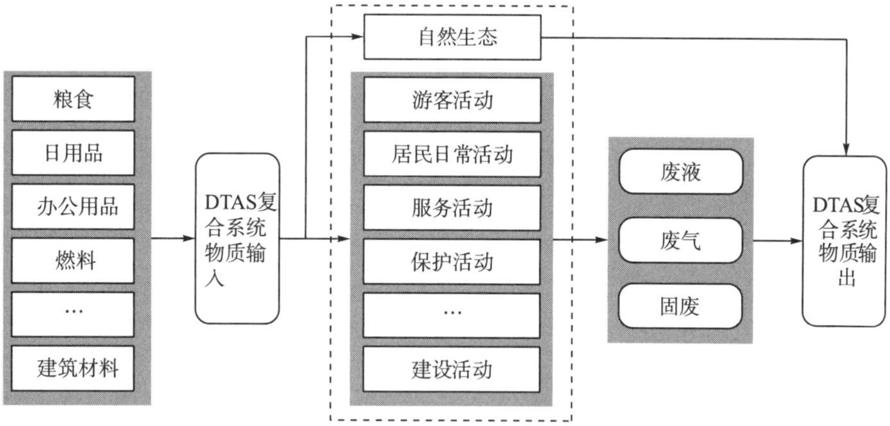

图 3.10　低碳化景区复合系统的物质流

低碳化景区复合系统中社会经济活动需要大量的物质输入，同时又有大量的物质输出。输入的物质包括游客、居民、管理人员食宿生活需要的食物、日用品、办公用品，居民日常生活、交通工具等使用的汽油、柴油、煤和其他燃料，景区建设使用的水泥、钢材、砖、涂料及其他装饰材料等。低碳化景区复合系统的物质输出以污染物的形式出现，污染物有气态、固态、液态 3 种形态，如果不经过人为特殊化处理，它们将会对大气、水体、土壤和植被造成直接或间接的污染。

在景区低碳化建设过程中，景区采取有效方式，对固体污染物做无害化处理，对污水进行集中化处理，降低对环境的不利影响。针对大量游客呼吸、燃料燃烧、交通工具使用等会增加景区大气中的二氧化碳含量的状况，复合系统将通过森林资源的光合作用将大气中的二氧化碳吸收并固定在植被与土壤中，抑制因旅游活动频繁致使大气中二氧化碳浓度过高产生的负面影响，其碳循环过程如图 3.11 所示。

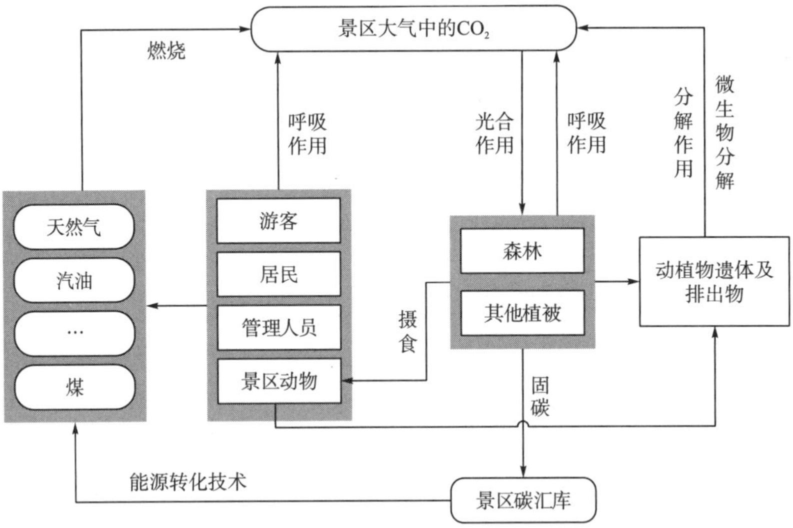

图 3.11 低碳化景区复合系统的碳循环

3)信息传递

伴随着能量流、物质流在低碳化景区复合系统中的流动，承载着各类属性的信息也在进行着不间断的传输，形成信息流，这种信息流表现为低碳化景区复合系统的主体(信宿)对系统中各种“流”状态(信源)的认识、采集、传输、加工、储存、利用、控制的过程。低碳化景区复合系统各种事物间相互联系、相互作用的过程中都会产生信息，如通过环境监测、森林防火等方式，生成环境监测信息、森林防火信息、植被保护信息等；运用信息技术平台，可对景区旅游服务、社会经济等活动中生成的面向游客的门禁票务信息、电子商务信息、车辆调度信息、旅游导览信息、游客服务信息、安全保障信息、低碳营销信息等，面向居民的居民管理信息等，面向景区管理人员的日常办公信息、财务管理信息、人力资源管理信息等进行接收、处理，供景区管理者决策，然后通过信息传递渠道，反馈指令信息，有条不紊地推进景区生态、经济、社会等方面的活动(图 3.12)。按照信息论的观点，信息流动过程是系统维持正常、有目的性运动的基础，对信息的有效使用、提高信息流的质量是推动低碳化景区复合系统更趋于有序的必备条件。

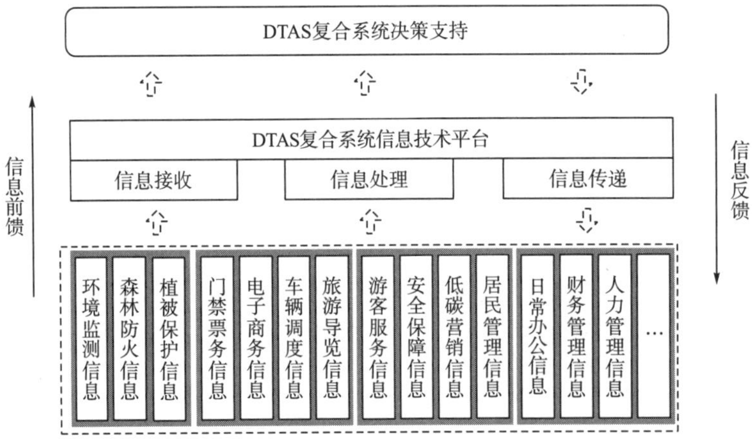

图 3.12 低碳化景区复合系统的信息流

4) 价值增值

根据美国哈佛商学院迈克尔·波特教授提出的价值链分析法，将企业内外价值增加的活动分为基本活动和辅助活动，基本活动包括企业生产、销售、进料后勤、发货后勤、售后服务等；辅助活动包括人事、财务、研究与开发、采购等，这两项活动构成了企业价值链[127]。

按照这一思路，低碳化景区复合系统经济成分方面的服务经济价值可通过其服务价值链来体现，其中服务价值链的基础活动主要涉及旅游资源开发、票务服务、讲解与导览服务、低碳营销、投诉处理等，辅助活动涉及物料采购、基础设施建设、技术开发与应用、生态环境保护、人力资源管理、财务管理等(图 3.13)。

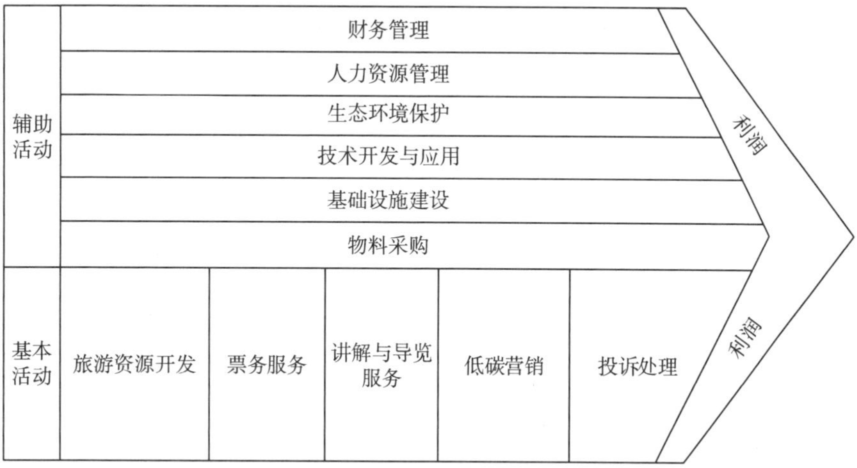

图 3.13　低碳化景区复合系统的价值增值过程

低碳化景区复合系统的价值增值主要是在景区管理者向游客提供服务的过程中，服务经济价值沿着服务链不断形成，并实现服务价值的转移与增值，进而带动景区旅游收入的增长。为维持低碳化景区复合系统集约式持续发展，景区旅游经济的增长并非简单地提供更多的服务，而是通过采用低碳技术，降低能源消耗产生的碳排放对生态的影响，节约景区运营成本，提高资源利用效率、旅游服务质量，提升其综合价值，带来低碳化景区复合系统的增值效应。

5) 社会服务

在自然生态的基础上，能量流动、物质循环、信息传递及价值增值等功能为低碳化景区复合系统社会服务功能的体现奠定了基础，通过该复合系统的有效运营，更多地为景区内居民或周边居民的生活、就业、教育等产生直接或间接的作用，对地方其他关联产业发展、区域发展产生源源不断的服务效应影响；高效地运转能面向国内外各层次游客，提供优质旅游服务，快速高质量地满足人们日益增长的旅游等需求，低效的运转难以面向全社会提供良好的社会服务功能，因此，具有社会服务功能的低碳化景区复合系统发展依赖能量流、物质流、信息流及价值流的协同作用，并通过反馈，不断调控得以持续发挥社会服务作用，如图 3.14 所示。

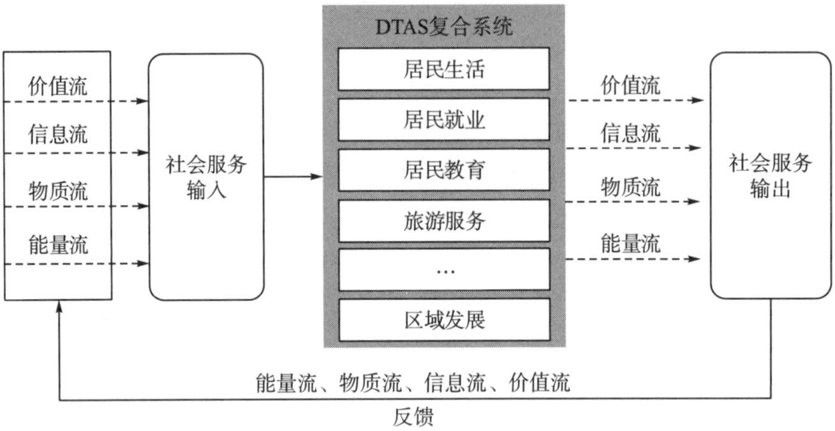

图 3.14 低碳化景区复合系统的社会服务过程

6) 管理服务

如图 3.15 所示，由于低碳化景区复合系统是集成自然生态、经济、社会等方面的复合体，其自组织现象与系统功能体现及其提供的管理服务功能密切相关，基于价值流、信息流、物质流、能量流等与内外部环境的交换，通过对旅游景区游客、居民、员工、维护等方面提供管理服务功能，并根据反馈，进行自我调节，形成保持和强化功能的自组织。

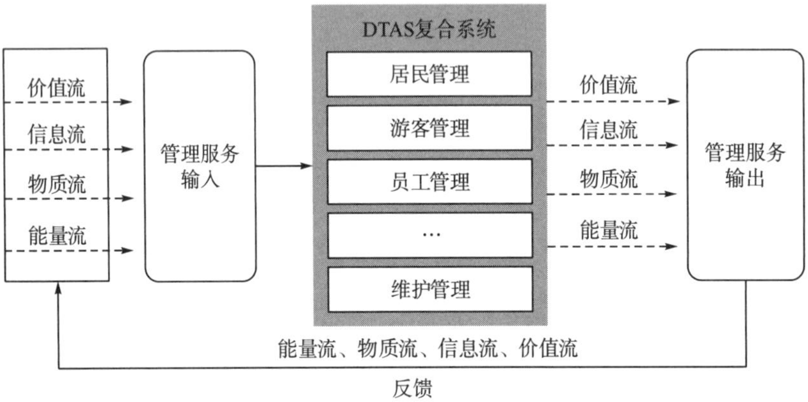

图 3.15 低碳化景区复合系统的管理服务过程

2. 低碳化景区特性

低碳化景区复合系统的特性不但涉及低碳经济成分的特征与旅游景区成分的特征，而且包含集两者成分而涌现出的低碳化景区特性，如生态环境友好性、运营管理高效性、资源利用集约性等特征，如图 3.16 所示。

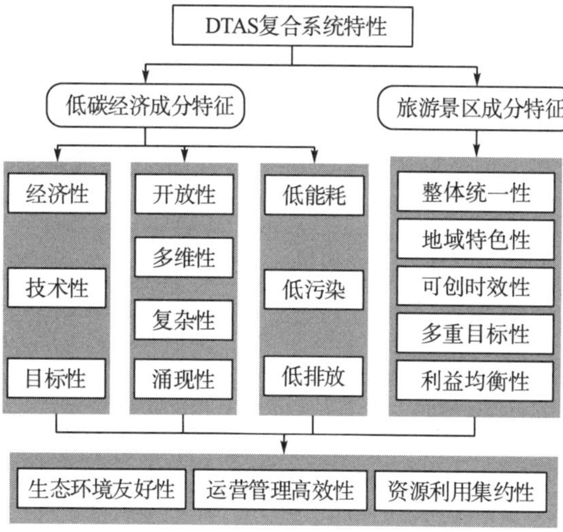

图 3.16　低碳化景区复合系统的特征

(1)生态环境友好性。生态环境友好性主要是指在低碳化景区复合系统内，要求景区管理者在管理过程中，通过运用低碳技术，如先进信息技术，智能掌控景区系统，引导游客在食、住、行、游、购、娱等环节，尽可能以低碳环保的方式进行，带动居民树立与景区发展共生的理念，开展低碳生活，从而建立与景区生态环境友好的关系，加强对生态环境的保护。

(2)运营管理高效性。运营管理高效性主要是指在低碳化景区复合系统内，要求在对景区系统的运营管理中，有效集成各种管理方法与低碳技术，提高管理水平与效率，实现高效运营。

(3)资源利用集约性。资源利用集约性主要是指在低碳化景区复合系统内，依靠集成管理方式、低碳技术，集合人力、物力、财力等资源，进行统一配置，以节俭、约束、高效为价值取向，节约资源，减少资源浪费，降低成本，发挥资源最大效用。

3.4　旅游景区低碳经济发展方式

3.4.1　旅游景区低碳化建设构架

低碳化景区，以低碳经济为发展方式，以低碳景区为建设目标，促进景区经济增长、生态环境保护，采用低污染、低能耗、低排放的运营管理方式，引导游客以低碳生态旅游方式游览，引导居民采用低碳生活方式，最大限度地提高资源利用效率，减少碳排放对环境的影响，实现景区系统生态效益、经济效益、生态效益的协调统一，人景和谐共生。

景区低碳化建设至少从以下方面落实(图 3.17)：第一，从低碳生态旅游文化理念方面出发，使游客树立正确的低碳生态旅游理念，在游览过程中采取恰当的低碳旅游行为，需要政府相关部门制定、出台、完善关于低碳旅游方面的政策法规，景区在市场推广及营销方面倡导多元的低碳生态旅游等；第二，在生态与人居环境方面，注重提高生物多样性和森林植被覆盖度，保护良好的环境质量状况，提高居民居住环境的舒适性等；第三，在景区管理与技术应用方面，运营管理采用集成管理方法与低碳技术、创新管理模式，使投入产出体系保持高效运转，向游客提供优质而人性化的服务，追求精细化管理等；第四，在景区建设与资源利用方面，合理布局旅游功能分区，最大化利用旅游资源、人力资源等，保障基础设施与服务设施建设的安全性，并使其进一步完善等。

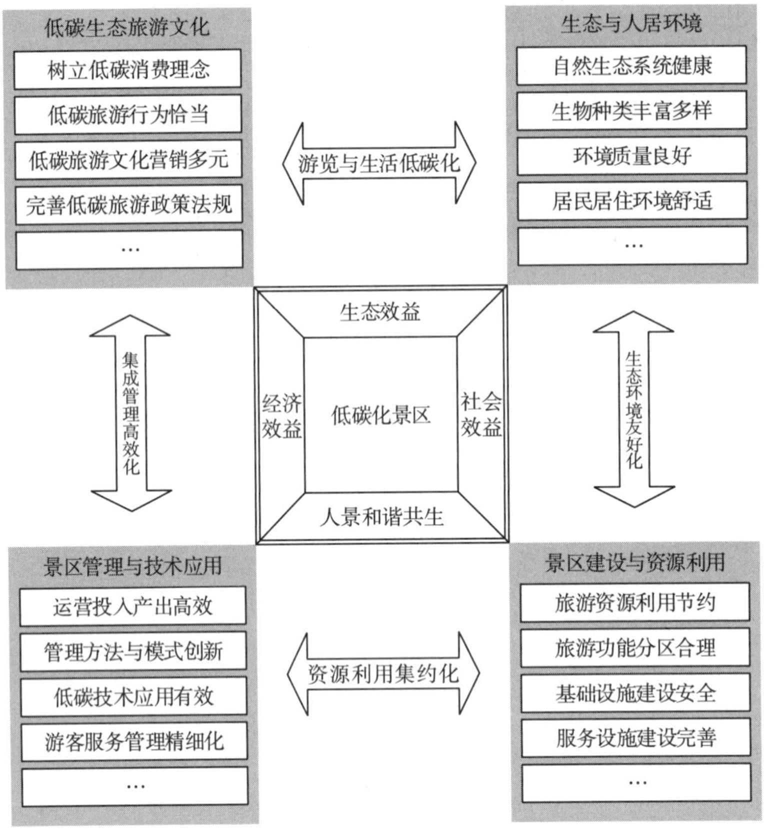

图 3.17 景区低碳化建设构架

3.4.2 旅游景区低碳化发展路径

依据景区低碳化建设构架，旅游景区在低碳化发展过程中，转变旅游经济增长方式，在吸引更多游客前来旅游，追求“门票经济”的同时，需向自身运营管理、旅游服务、生态保护等方面要效益。因此，在由低碳化景区向低碳景区转变的过程中，景区在坚持低碳生态旅游发展理念的基础上，加大低碳生态旅游方面的宣传、营销，开展形式多样的低碳生态旅游活动；在管理中体现低碳生态旅游的理念，并贯彻执行，即借助低碳经济手段、低碳技术对景区旅游资源、人力资源、物料资源、财务资源等进行集成管理与综合利用，注重单位资源使用效率的提高，降低资源浪费；在向游客提供优质服务的同时，追求单位成本带来的效益提高、排放与污染的程度降低，促使管理成本、运营能耗下降，减少碳排放量，降低碳排放强度及其对生态环境的不利影响，尽可能与景区系统内部、外部环境保持友好发展模式，逐步实现景区系统低污染、低能耗、低排放的发展方式与路径，如图 3.18 所示。

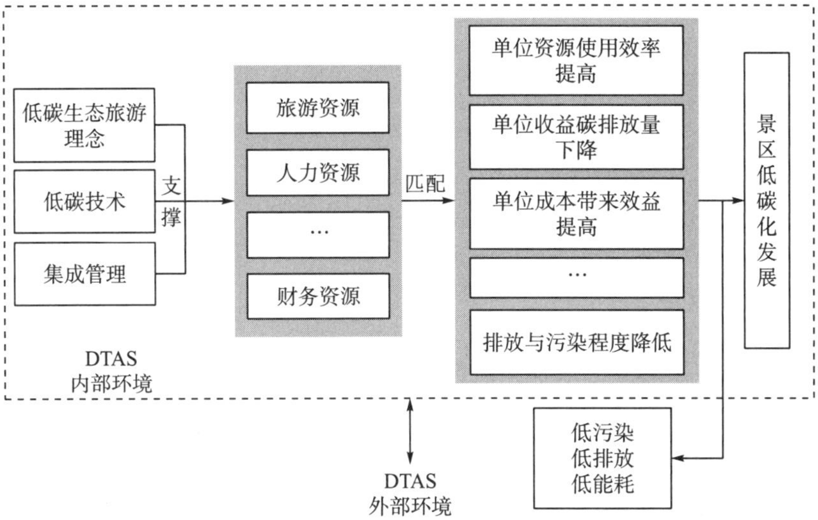

图 3.18　旅游景区低碳化发展路径

3.5　本 章 小 结

本章首先分析了低碳经济的内涵和特征，认为低碳经济就是在兼顾经济发展的前提下，实现经济、社会、生态均衡的可持续发展，体现了经济性、技术性与目标性的特点；其次，阐述了旅游景区的内涵、特征及分类，明确指出本书侧重对具有自然景观的旅游景区(自然生态景区)进行探讨，从景区探索、参与、发展、巩固、停滞和复苏(衰退)等阶段分析了其演化趋势及内在机理；再次，以低碳经济理论为基础，探讨了旅游景区低碳经济发展理念，界定了低碳化景区系统(DTAS)与低碳景区系统(LTAS)的内涵，根据低碳化景区系统的内涵，以经济效益、生态效益、社会效益为基础，分析了低碳化景区的目标、层次结构、概念模型、要素关联及其功能和特性；最后，针对旅游景区低碳经济发展方式，构建旅游景区低碳化建设构架和发展路径。

第 4 章　系统建模理论方法分析

4.1　管理熵与管理耗散结构理论

4.1.1　熵理论发展简述

熵(entropy，E)的产生与发展至今已有 170 多年历史，根据任佩瑜教授 2011 年提出的理论，可将其研究进展划分为三大阶段：第一阶段，19 世纪 50 年代到 20 世纪 40 年代，面向孤立系统的热力学熵理论阶段，包括热力学熵理论的产生与发展；第二阶段，20 世纪 40～80 年代，面向开放系统的负熵与耗散结构理论阶段，其中包含负熵与熵流理论的研究，信息熵理论及其应用，耗散结构理论和复杂性科学研究；第三阶段，20 世纪 80 年代至今，面向企业与社会系统的管理熵与管理耗散结构理论阶段，在具有复杂性特征的社会与企业系统中，其管理领域逐渐出现了管理熵理论、管理耗散结构理论(图 4.1)。从研究所涉及的领域看，熵理论的研究逐步从自然科学向社会科学领域延伸，也就是说借助自然科学领域的研究视角，将熵理论、自然科学中的研究方法与基本规律同企业与社会系统中的管理科学研究相结合，揭示复杂系统运行机理及其表现出的规律性现象。

图 4.1　熵理论发展历程

熵始于热力学第二定律，其概念由克劳修斯于 1865 年首次提出。克劳修斯 1850 年提出的热力学第二定律有这样的表述：不可能把热从低温物体传到高温物体而不产生其他影响，即热传递过程是不可逆的，由于不可逆过程进行的动因取决于该过程的初态与末态的差别，表示这一状态差别的状态函数就是“熵”，被称为克劳修斯熵或热力学熵。它是热力学宏观量，是仅与不可逆过程的初态、末态有关，而与过程无关的函数[128]。

对任一不可逆过程或可逆过程中的平衡态初态Ⅰ、末态Ⅱ，该过程的表达式为

$$S_{\mathrm{II}}-S_{\mathrm{I}}\geqslant\int_{\mathrm{I}}^{\mathrm{II}}\frac{\mathrm{d}Q}{T} \tag{4-1}$$

式中，S_{I} 为初态的熵；S_{II} 为末态的熵；$\mathrm{d}Q$ 为该过程中吸收的热量；T 为热源的温度；“=”对应可逆过程，该可逆过程中的 $\mathrm{d}Q/T$ 的积分总等于末态与初态之间的熵之差；“>”对应不可逆过程，该不可逆过程中的 $\mathrm{d}Q/T$ 的积分总小于末态与初态之间的熵之差。

当系统经历热过程或系统处于孤立状态时，$\mathrm{d}Q=0$，此时 $S_{\mathrm{II}}-S_{\mathrm{I}}>0$，表示在不可逆过程中，熵总是增加的；$S_{\mathrm{II}}-S_{\mathrm{I}}=0$，表示在可逆过程中，熵是不变的，这也是熵增加原理。基于此，在热孤立系统中自发进行的、与热相联系的过程必然向熵增加的方向变化，孤立系统内部的熵不会减少。由于它不受外界任何影响，系统最终将达到平衡态，故在平衡态时的熵取最大值[129]。

1877 年，玻尔兹曼揭示了熵的微观本质——系统分子热运动无序的量度，也是混乱度的量度，从热力学概率角度出发引入熵，得到了熵公式：$S\propto\ln W$。随后经普朗克引进比例系数 k，得到了统计熵或玻尔兹曼熵公式：$S=k\ln W$。其中，k 为玻尔兹曼常量；W 为热力学概率。该统计熵公式用微观状态函数描述宏观的状态，将宏观状态函数与微观状态函数联系起来，揭示了熵的统计意义。

“宇宙热寂说”与“麦克斯韦妖”的出现推动了人们对一种减少熵的机制或某种与熵增加相抗衡的能量控制机制的进一步探索。1929 年，齐拉德在《论由智能生灵导致一个热力学系统中熵的减少》中首次提出“负熵”术语，熵减一定以系统的某种物理量作为补偿，这一物理量的补偿即为增加信息(负熵)。1943 年，薛定谔在其著作《生命是什么》中，提出生命的特征在于其运动，不断进行新陈代谢，努力避免很快地衰退为惰性的平衡态。自然界中正在进行的每一种自发事件，都意味着它在其中的那部分世界(它与它周围的环境)的熵增加。一个生命体要摆脱死亡(熵达到极大的无序状态)，远离平衡态，即要活着，其办法必是不断地从环境中吸取负熵，也就是“生命赖负熵为生”。根据玻尔兹曼熵公式，薛定谔认为 W 是无序度的量度，$1/W$ 的对数恰是 W 的对数的负值，因此其倒数 $1/W$ 可作为有序度的一个直接量度，玻尔兹曼公式可写为：$-S=k\ln(1/W)$。正熵增加意味着事物变化向着混乱无序的方向发展；而负熵增加却意味着事物变化向着有序的方向发展。由此形成的负熵理论拓宽了熵理论及其应用范围。

1948 年，香农发表于《贝尔系统技术学报》上的论文《通信的数学理论》中，使用概率方法，引入信源的信息熵：

$$H(x)=-\sum_{i=1}^{n}P(x_i)\ln P(x_i) \tag{4-2}$$

式中，x_i 为信源可能取的符号(消息)；$P(x_i)$ 为选择信源符号 x_i 作为消息的先验概率；$H(x)$ 代表信源输出符号(消息)前的平均不确定性，或信源输出符号(消息)后每个符号(消息)所提供的平均信息量。

香农的信息熵理论发挥了熵在信息论中的重要作用，并受到多数学者的认可[130]。

为进一步解决“宇宙热寂说”退化论与生物进化论两者间的矛盾，1969 年，布鲁塞尔学派代表人普里高津在“理论物理与生物学”国际会议上，提出耗散结构理论。这一理论是指一个远离平衡的开放系统，通过不断地与外界交换物质和能量，在外界条件的变化达到一定阈值时，可能从原有的混沌无序的混乱状态，转变为一种在时间上、空间上或功能上的有序状态，这种在远离平衡情况下所形成的新的有序结构，被命名为“耗散结构”[131]。该理论的提出宣告了“宇宙热寂说”的彻底破产，促进了人类自然观、世界观的变革。

20 世纪 80 年代，普里高津与其同学派代表人物斯唐热在《从混沌到有序》一书中提出“复杂性科学”的概念，揭示物质进化过程的理化机制的不可逆过程[132]，进一步丰富了耗散结构理论，使人类从研究有序到无序的阶段进入了研究无序到有序的新阶段。

熵、耗散结构等理论除被物理学、化学、生物学等自然科学领域广泛使用外，从 20 世纪末开始至今，熵理论、耗散结构理论逐渐向社会、企业、经济等系统中扩展应用，对透过系统组织中的各种状态现象，把握其本质起到了“桥梁”作用。在前人研究的基础上，任佩瑜教授于 1997 年开创性提出了管理熵(management entropy，ME)与管理耗散结构(management dissipativity structure，MDS)，管理熵揭示了组织内部管理效率递减规律；管理耗散结构与管理熵相反，促使企业组织结构由无序向有序发展，揭示了组织内部管理效率递增规律[133]。

4.1.2 管理熵与管理耗散结构的内涵及应用

1. ME 理论内涵

在热力学第二定律、负熵及耗散结构理论的基础上，熵的研究逐步从自然科学走向社会科学领域，尤其在企业系统中，熵规律的存在和基础性作用揭示了企业系统的变化规律。根据熵增加效应，物质总是从有序向着无序发展，能量由不平衡向平衡状态发展，并逐渐衰竭，最终呈现出“热寂”状态。熵被引入管理领域，形成了 ME 概念及其理论体系。ME 即管理正熵，是指任何一种管理系统的组织形式、制度、政策、文化、方法、技术等因素，在孤立的管理组织系统运行过程中，总是表现出执行有效性递减、管理效率递减、无效性混乱状态加剧的局面，直至不能发挥管理效率的作用而需要新的方式去替代的一种管理规律，即为管理效率递减规律。在孤立管理系统中，ME 将随着组织系统从有序向无序状态发展而逐渐增加，其过程可通过管理效率递减公式表示：

$$\begin{aligned} y &= R\mathrm{e}^{-x} \\ x &= f(a_1x_1, a_2x_2, \cdots, a_nx_n, t) \end{aligned} \tag{4-3}$$

式中，y 表示管理效率；R 表示管理组织系统的结构常数；e 为自然常数；x 是影响管理效率的因素和时间的函数；$a_i\ (i=1,2,3,\cdots,n)$ 表示影响各因素作用的权数；t 为时间因素；$x_i(i=1,2,3,\cdots,n)$ 是影响管理效率的若干因素，如管理组织形式、信息渠道、政策制度、人及其他影响因素。在管理组织形式方面，管理组织系统中具有不同性质的各层级、各单元在耦合状态下交互影响，其自身发展存在裂变、复制、成长、放大、膨胀、老化等演化过程，其内部结构性摩擦系数加大，从而产生内耗，能量衰退，ME 会逐渐增加，管理效率递减；就信息渠道而言，管理组织系统中，随着组织形式自身的放大、膨胀和复杂化，信息渠道相应延长、节点增多，使管理信息在传递过程中受阻、耗损、扭曲，ME 会增加，最后使信息的有效性、传递效率下降，管理效率递减；在政策制度方面，合理的管理政策、管理制度能促进管理组织系统的有序发展，而随着时间的推移与其他因素的影响，一成不变的政策制度缺乏科学性，制约其他因素有效性发挥，产生更多的内耗，引起 ME 增加，管理效率降低；在管理组织系统中，人是管理的执行者，由于具有不同素质、态度、心智复杂程度等特征的人并不能与管理系统同步发展，易导致 ME 增加，管理效率下降等[134]。

2. MDS 理论内涵

从非平衡的观点出发，对有机、无机、社会和经济系统中的熵现象进行研究，根据薛定谔负熵理论与普里高津耗散结构理论可知，在开放系统中，由于负熵的流入，可补偿系统内部熵的增加[135]。以遵守达尔文的进化论，而不遵守热力学第二定律为基础，一个远离平衡态的开放系统，不断地与外在环境交换能量、物质和信息，在一定条件下产生自组织现象，呈现从无序到有序状态的转变，并形成耗散结构。耗散结构被引入管理领域，产生 MDS，其中 MD(management dissipativity)是指一个远离平衡态的复杂管理组织系统，其自身在不断消耗物质、能量和信息的同时，与外部环境进行能量、物质和信息的交换，可补偿系统内部消耗，在管理组织系统内部各单元相互作用下，管理系统负熵的增幅大于熵增的增幅，即管理负熵的作用大于管理正熵的作用，成为矛盾的主要方面，使系统的有序态势大于自身无序态势，形成有序结构，产生新的能量的过程，由此可知管理系统的生命取决于其负熵增，而 MDS 则是管理耗散过程中形成的自组织和自适应管理系统，MDS 形成的过程也是管理效率递增规律所在：

$$\begin{aligned} y &= R\mathrm{e}^{x} \\ x &= f(a_1x_1, a_2x_2, \cdots, a_nx_n, t) \end{aligned} \tag{4-4}$$

式中变量含义同式(4-3)，通过负熵流入管理组织系统，抵消系统内部熵增，使影响管理效率的各因素避免综合内耗，发挥综合效用，促进管理系统的有序度增加大于自身无序度增加，这些都是基于 MD 及 MDS 形成的前提条件：管理系统是远离平衡态的复杂性开放系统；管理系统内部各要素间存在非线性作用，且与外部环境不断地进行能量、物质、信息的交换；外部环境条件变化达到一定阈值引起内部各子系统间相干运动，呈现相对关系的涨落和突变，涌现出新的有序结构状态。

3. ME-MDS 应用

随着熵理论在社会、企业系统的进一步延伸，以多学科相互渗透交叉为基础，任佩瑜从效率与能量角度出发，探讨管理理论的基础领域，并在具体深入研究中进一步完善该理论，形成了一个相对完整的体系。近年来，众多学者也开始关注 ME、MDS 的应用研究，并将其与生产实际相结合，为管理过程中管理理论的认识、管理系统运动规律的把握、管理问题的解决提供了一条从宏观角度总览到微观角度剖析的新途径。目前关于 ME-MDS 的应用研究主要集中在六个方面。

1)组织变革

企业组织是企业生产、经营、管理的载体，是企业生产关系和上层建筑的统一体，也是经济构架与管理体系的综合组织结构，是整个管理系统的框架，决定了管理组织系统各部分的排列顺序、空间位置、聚散状态及各要素之间的相互关系等。基于 ME-MDS，描述组织运动的一般趋势，可探讨企业组织结构变革。组织结构可分为刚性结构、计划结构、柔性结构和混乱结构等形式，刚性结构存在于静态、简单、可预测的低竞争环境中；计划结构存在于动态的或复杂的，但大量可预测的中等程度的竞争环境中；柔性结构处于一个根本不可预知的、动态的、复杂的超竞争环境中；混乱结构是指组织受环境的影响较大，环境甚至在某一方向上可完全控制和制约组织的一种形式[136]。

Volberda(沃尔伯达)提出没有任何一种结构能够使企业发展经久不衰[137]，组织演进存在从混乱结构到刚性结构的自然轨迹或是从刚性结构到混乱结构的逆向轨迹。自然轨迹表明管理系统在构建之初，组织内部各要素没有协同起来，处于无序状态，ME 开始增加，而在后续发展过程中，管理系统通过与外在环境不断交换能量、物质和信息，引入负熵，出现涨落，使组织向有序发展成为可能，从而变革组织，从混乱结构走向柔性结构，管理系统在与环境互动的过程中，负熵不断涌入，MDS 结构逐渐形成，管理效率递增，组织将经历从柔性结构转变为计划结构，进而从计划结构转变为刚性结构的历程，形成管理系统从无序状态发展为有序态势。逆向轨迹说明当具有刚性结构的管理系统不能适应外在环境的变化时，冲突越来越多，ME 逐渐增多，管理效率严重下降，组织趋于破产和无序状态，历经从刚性结构到计划结构、柔性结构和混乱结构的转变过程；而为突破无序状态，促进组织发展，进入更高层次的有序状态，必须借用非常规方式所带来的能量、物质和信息，负熵流入可补偿 ME 的增加，形成 MDS。

依据 ME-MDS，国内一些学者对组织变革方面进行了研究，他们对组织演化、变革、创新、完善等的内在规律认识较为统一。根据复杂性科学，在不同的环境下，组织受 ME、MDS 的交替影响，通过远离平衡态方式，变革组织形式，使自身不断匹配动态的环境。

2)企业生命周期

企业发展的一般周期主要包括企业产生、成长、成熟、衰退、死亡等阶段，类同于人类从出生到死亡的过程，其管理过程涉及马克思关于管理问题的基本观点，即具有管理的二重性——自然属性和社会属性。因此，企业组织是一个具有类生命特性、自然属性与社会属性的、开放的复杂系统，在多种因素的交互影响下，其动态演化的过程充满了复杂性、不确定性及混沌[138]。

企业的产生是混沌经济系统内，各要素经过长时间甚至长距离非线性强相互作用的结果，经过不断摸索，通过与外部环境的匹配，企业逐步成长，其成长过程主要通过他组织、自组织和突变等方式，因而极具复杂性[139]。随着企业从环境中获取能量、物质和信息，持续引入或产生的负熵流，能够抵挡内部 ME 的增加趋势，使系统的熵值保持稳定不变，作为开放系统的企业便进入了相对稳定的成熟期，然而由于系统相对封闭或与外界交换能量等渠道不畅，引入的负熵流不足以抵消内部 ME 的增幅，使系统的熵值增加，系统内各要素的运动状态从有序性转变为无序性，内部结构性摩擦系数增大，加剧了系统各要素运动的无序程度，使企业的有效能量衰减，企业进入衰退期，最后，当企业内部无序程度随着 ME 的不断增大而趋近于整个混沌系统的无序度，即 ME 达到最大值，系统处于平衡态，企业有效能量完全消失，处于死亡状态。

因此，运用 MDS 理论，结合企业实际与发展阶段，丰富从外部吸纳大量负熵流的方式，投入量多质高的物质、能量，畅通信息交互渠道，促进企业系统的 MDS 形成，强化自组织功能和 MD 功能，不断增强负熵流的作用，从而推动企业可持续发展。基于此，曹裕等在任佩瑜的 ME 与熊义杰的企业生命周期模型的基础上，运用中国沪深两市上市公司数据进行实证研究[140]。赵旭基于管理熵理论，对我国 1030 家上市公司的生命周期进行科学划分、界定[141]。

3）企业文化

企业文化又称组织文化，是在企业组织建立之初产生而逐渐形成的具有自身个性的经营宗旨、价值观念和道德行为准则的综合。它是企业管理组织系统中的一种管理方式，在其形成之初，企业文化起到的管理效用明显，效率比较高，随着管理组织系统成长，企业管理熵值逐渐增大，管理效率递减，使得文化对管理者的引导、约束、凝聚、调适等作用变得越来越弱，能量逐步衰减，直至管理熵值最大而不产生任何效用，这也是 ME 客观规律影响的结果。为进一步重塑、再造企业文化以满足企业发展需求，有必要依据 MDS 理论探讨其从一个阶段的无序状态转变为另一个阶段的有序状态的原理。

在 MDS 理论的指导下，管理系统中的文化如果始于同一原始状态，在之后的发展过程中，会由随机涨落而发生分叉，可能出现多种方向、多种形态。企业文化不断从环境中吸收物质、能量与信息，适应环境变化，通过自我适应、自我学习、自我调节等方式，抵消自身 ME 的增加；由于一个系统处于不稳定的临界阈时，其发展方向取决于涨落群中的随机选择，因此使企业全体人员都能以现代化的意识，在保持中国企业优秀传统文化的基础上进行创新，积极参与到企业文化的再造中是影响随机选择过程的关键。在当前的企业发展过程中，并购是企业发展的常见方式，在其并购整合过程中，企业文化冲突是 ME 增加的直接原因，运用 MDS，创造负熵因子，加强沟通使企业文化置于一个开放的状态下，用创新的思维分析，并融合负熵因子，使之形成负熵流[142]，使整合后的管理系统中的企业文化趋向于更高的有序状态。

4）企业制度

制度功能主要是协调和规范，一般而言，制度包括社会层次和组织层次。根据强制力的来源不同，企业制度可分为基于组织强制力的制度、基于市场强制力的制度两种形式，恰当的企业制度有利于降低复杂系统的协调成本。在组织强制力下执行的制度、政策、机制等，其制度条件相对封闭，容易导致企业从外部环境获取的信息、物质、能量相对较少，对市场环境的反应能力较弱，不能有效消除市场不确定性，企业内部产生的 ME 会逐渐增大并难以被抵消，管理效率降低，企业将从繁荣走向衰落；基于市场强制力的制度、政策、机制等，其制度条件较为开放，注重企业内外部要素的结构化和功能化的互动，并将市场强制力与组织强制力有机融合，从环境中摄取大量的能量、物质、信息，为产生 MDS 提供保障，在 ME 与 MDS 间非线性“此消彼长”的格局中，使 MDS 在制度发挥作用的过程中起主导作用，促进企业有序发展。基于 ME 与 MDS，拓展信息的制度化通道和完善协调机制，促进企业内部的结构和功能发生良性改变，提高企业与环境进行能量、物质和信息的交换能力[143]。这也正是毛道维和任佩瑜于 2005 年提出的。郭伟刚根据 ME 揭示的企业管理效率递减规律，研究认为激励机制作为制度的一种方式，也存在效用递减规律，通过 MDS，又可实现激励机制从无序向有序发展[144]。

5) 人力资源

人力资源是管理系统中的关键资源，有效的人力资源配置及管理能够实现管理系统内外部信息、物质和能量的交换，调动员工积极性，产生促进管理系统的效能，利于 MDS 形成，保持系统有序发展。反之，对各级人力资源管理不恰当，阻碍了管理系统内部和外部能量、信息等的交换渠道，各要素间摩擦作用产生的内耗，ME 的作用难以被负熵流的作用所抵消，因此管理系统运行效率下降。秦磊和毛道维引用 ME、MDS 理论，对人力资源中关键人员——企业家的活动配置构建系统影响因素模型，揭示系统从混沌走向有序的过程[145]。

6) 绩效评价与其他评价

在 ME 规律作用下，企业系统在有序态与无序态间变化，或从有序向无序状态发展，或从无序向有序状态发展，企业绩效也将随之变化，前者决定了绩效不断减少，后者决定了绩效不断增加。任佩瑜等运用 ME 对企业治理结构进行绩效评价，反映了企业治理结构的运动序态和运动效率状况[146]。这一研究为实际评价问题分析奠定了理论基础与示范效应。以该理论体系为指导，很多学者纷纷就企业领域中财务绩效、项目绩效、知识管理绩效、管理效能、战略选择、内部控制、融资方式选择、风险投资、危机管理等方面进行评价，并将其拓展至区域创新系统绩效、公共管理绩效等评价过程中。另外，在企业管理系统复杂性、组织系统协同性等评价方面，宋华岭等基于 ME 分别对其进行了研究[147-149]。

通过以上的分析与阐述，我们发现在熵揭示自然系统运动规律的基础上，ME、MDS 理论对于自然系统内在变化规律演化、社会系统运动规律等方面的研究发挥了积极作用。基于此，探讨具有复杂性特征的旅游景区系统，可以更好地阐释景区系统在管理过程中的变化状况，表明景区系统的发展方向。

4.1.3 基于 ME-MDS 的旅游景区系统运行机理

1. 低碳化景区的演化原理

旅游景区是一个复杂巨系统，既包括景区游客与旅游资源的互动，又包含人类活动与生态环境的关系，同时囊括了景区中各种因素的交互作用。根据钱学森先生的研究，复杂性是开放的复杂巨系统的动力学特征，所以景区影响因素间的作用机理属非线性，具有复杂性特征。从组织角度出发，景区自身的结构、运动及与环境关系的复杂性，使其相对封闭的组织运动及演化过程充满着不确定性和混沌，从而导致该组织系统有效能量递减，无效能量递增，从有序向无序发展，景区系统结构中的管理效率呈现不断降低的趋势，体现了景区系统由有序向无序状态转变的作用机理，这也正是 ME 理论所揭示的。

低碳化景区复合系统运动包括能量流动、物质循环、信息传递及价值增值等活动，由于它是建立在自然系统基础上的高级系统，具有社会系统的开放性、复杂性等特征，系统演化过程必然遵循 ME、MDS 定律，如图 4.2 所示。

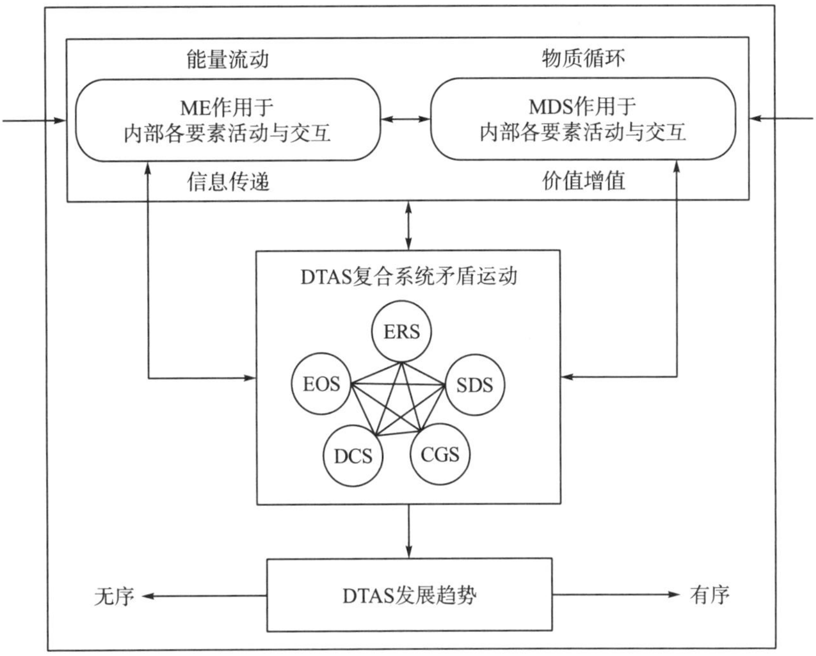

图 4.2　ME-MDS 作用下的低碳化景区开放复杂系统

当低碳化景区复合系统与外界交换物质、能量、信息等的渠道畅通时，经济运行子系统、社会发展子系统、生态表征子系统、低碳控制子系统、建设保障子系统内各要素及各子系统间具有相互促进作用，即开放系统在与外部环境交互作用并引入负熵流的作用下，获取能量形成 MDS，从而形成更为有序的状态；反之，当低碳化景区复合系统内部各要素由于不能获取有效能量、物质转化率低、信息传递不畅时，导致要素间摩擦加大，系统 ME 增加，如低碳化景区不能很好地从外界环境变化、游客游览偏好等方面出发，仅仅立足于系统自身，使自身所处环境相对封闭，而又未能有效实行对景区系统碳排放的控制措施，低碳控制系统受到的影响变化将不利于其他子系统良好发展，故低碳化景区的有序发展遇到阻碍，ME 起主导作用，使系统活动愈发紊乱。

2. 低碳化景区的演化方向评判

在 ME-MDS 作用下，景区系统通过与外界环境进行物质、能量、信息的交换，引入负熵流，获取形成 MDS 的能量以抵消 ME 的增加，使其由无序向有序、由较低有序向较高有序发展，通过先进的信息技术应用、管理手段创新，促进景区系统环境保护下的游客活动有序、旅游经济发展，使得景区形成有序性、自组织、自适应的低碳化景区复合系统，带来景区低碳化建设方面的良好效果。

开放景区系统的总熵值可表达为

$$S_{\text{Total entropy}} = S_{\text{Internal entropy}} + S_{\text{External entropy}} \tag{4-5}$$

式中，$S_{\text{Total entropy}}$ 为整个景区系统的总熵值，它是由系统内部各要素活动形成的熵增 $S_{\text{Internal entropy}}$ 与同外在环境不断交换物质、能量、信息而形成的负熵 $S_{\text{External entropy}}$ 的总和，即熵增与负熵作用之和决定的。

(1) 当 $S_{\text{Total entropy}}<0$ 时，通过与环境交换大量的物质、信息和能量，形成负熵流，景区系统低碳化发展的耗散结构才能形成，低碳化景区复合系统趋于有序方向，形成更为低碳化的景区系统，当外界条件变化达到某一特定阈值时，涨落可能发生突变，景区系统经过自组织作用、各个子系统的非线性相互作用，远离平衡态的系统形成一种充满活力的有序结构。

(2) 当 $S_{\text{Total entropy}}>0$ 时，低碳化景区复合系统在熵增加原理的作用下，系统向着无序混乱的状态变化，如果一直缺少负熵流的注入，则系统将趋于“死寂”的平衡态，走向衰亡。

(3) 当 $S_{\text{Total entropy}}=0$ 时，低碳化景区复合系统将处于从无序到有序或从有序到无序变化的临界点，即近平衡态，虽然系统能够不断与外部环境交换物质、能量、信息，并能形成有序的负熵流，但不足以打破此时系统的结构，涨落总会被系统自身抵消掉，系统总熵保持基本不变。

运用 ME 态函数，对景区低碳建设过程中系统状态进行定量计算，量化地体现了管理熵值前后变化，动态地反映了景区系统的状态，并据此探讨景区低碳化建设的发展趋势，熵值越低说明趋向低碳化发展，反之，则呈背离低碳化发展趋势。

根据同一景区系统某时点的熵值及两个时点间的熵值变化，分析景区系统在该时期的演化态势，不但简化了景区复杂系统的演化过程，而且可以进一步量化景区系统繁杂的演化状况，为研究景区系统低碳化发展的动态变化做了更为具体的尝试。从理论上看，当该时期内熵值的变化量小于 0 时，景区系统低碳化发展向着有序方向演化；当该时期内熵值的变化量等于 0 时，景区系统中正熵与负熵相互作用抵消，景区系统低碳化发展处于相对不变的演化状态；当该时期内熵值的变化量大于 0 时，景区系统低碳化发展向无序方向演化。

4.2　系统建模理论及方法

4.2.1　系统建模概念及原则

1. 系统建模相关概念

根据研究对象，对其原有系统进行抽象，建立系统模型，模拟或仿真原有系统的过程称为系统建模，它的存在建立在系统与系统模型的基础上。系统是具有特定功能的，相互间联系、制约、作用、依存的若干要素所构成的一个有机整体[150]。系统分类见表 4.1。

表 4.1　系统分类

依据	分类
系统规模	小系统、大系统、巨系统
系统状态	连续系统、离散系统
子系统间关联程度	简单系统、复杂系统
系统输出随输入变化	线性系统、非线性系统
系统与外界环境联系程度	孤立系统、开放系统
系统内部特性被了解程度	白色系统、灰色系统、黑色系统

系统模型一般不是系统对象本身，而是对现实系统的描述、模仿或抽象，是人们对客观世界反复认识、分析，经过多个层次的转换、整合等相似过程而形成的最终结果，具有与系统相似的数学描述或物理属性，以各种可用的形式给出研究系统的信息。系统是复杂的，因而系统的属性也是多方面的。系统模型可分为实体模型、比例模型、模拟模型、概念模型、解析模型、网络模型、图表模型、逻辑模型、数学模型、计算机模型等。

2. 系统建模原则

通过系统建模，可更好地达到研究目的，系统建模必须遵循以下原则。

(1) 真实与相关。根据研究对象及目标，在构建系统模型的过程中，只包括与研究目的相关的本质信息，除去非本质信息，比较客观地反映系统本质特征、关系及真实状况。

(2) 精确与标准化。建立系统模型时，精度对其有比较重要的影响，并非精度越高越好，应考虑不同的研究目的和使用环境，选择适当的精度，保证系统模型切题，尽量采用已有的标准化模型或对标准化模型进行修改，使之适用于研究对象。

(3) 集合与可辨识。对于一个系统实体的分割，尽可能将一些个别的实体合并为更大的实体，形成集合体，使系统结构具有可辨识形式。

(4) 简明与清晰。由于一个大型复杂系统包含许多联系密切的子系统，子系统有时又包含其下属系统，层次叠加，结构相对复杂，研究难度较大。因此，在反映系统本质真实性的基础上，除研究目的需要的信息外，尽量使系统模型简明，子系统模型间相互耦合关系要尽可能减少，使模型结构尽可能清晰，节约建模时间和其他资源等。

4.2.2 系统建模方法及途径

1. 系统建模方法

由于系统具有复杂性，其建模方法也是种类繁多。一般系统的建模方法主要有推理法、实验法、统计分析法、类似法、混合法等；复杂系统的建模方法主要有还原论、多变量联立方程组描述法、演绎逻辑法、简单巨系统描述法、从定性到定量综合集成法[151]等(图 4.3)。

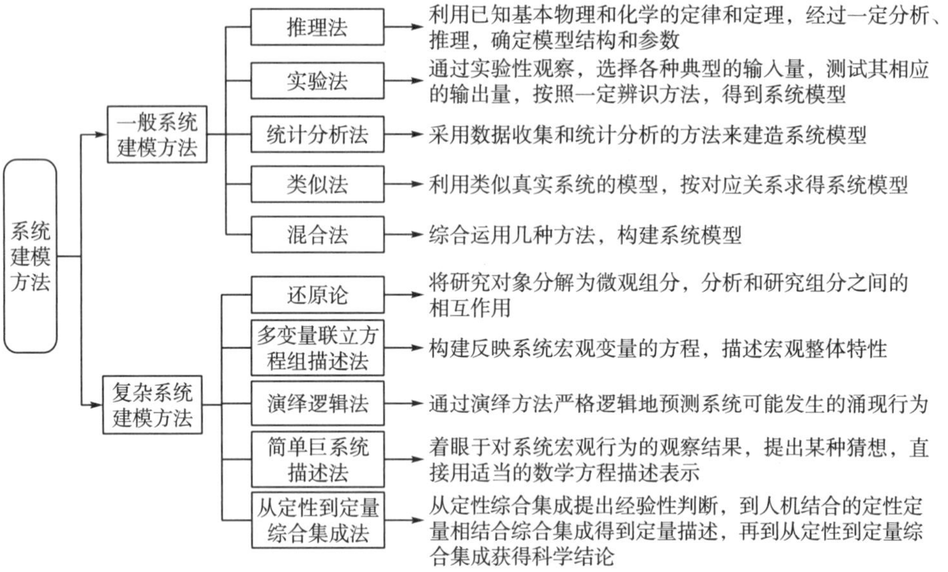

图 4.3 系统建模的主要方法

从定性到定量综合集成法是钱学森先生于 20 世纪 80 年代末到 90 年代初提出的[152]，表明定性综合集成形成问题的经验性假设与判断的定性描述，经过定性定量相结合综合集成获得定量描述。专家体系再一次进行综合集成，在这一次综合集成中，由于有了新的定量信息，经过研讨，专家们有可能从定量描述中，获得证明或验证经验性假设和判断正确的定量结论，如果是这样，也就完成了从定性到定量的综合集成。但这个过程通常不是一次能完成的，往往要反复多次[153]。正如钱学森先生指出的：“当你定量解决了很多很多问题，譬如说关于国民经济中的许多问题以后，你有一个概括的提高的认识，这又是从定量上升到定性了。自然，这个定性应该是更高层次的定性认识了。因此定性和定量的关系，是认识过程的一个描述，循环往复，永远如此。”[154]

2. 系统建模途径

从系统内部特性被了解程度来看，系统建模途径一般根据该程度不同而有所差别，当研究对象是白色系统时，即对于内部结构和特性清楚的系统，在一些已知的基本规律的基础上，经过分析和演绎得到系统模型；当研究对象是灰色系统或黑色系统时，如果可以允许进行直接的实验性观测，则可假设模型并通过实验验证和修正，如果不允许进行直接的实验性观测，则采用数据收集和统计归纳的方法来假设模型。

从方法论角度看，系统建模的基本途径主要有演绎-归纳建模和结构建模。前者包括演绎法、归纳法、演绎-归纳混合法[155]，其中演绎法适用于白色系统、归纳法适用于黑色系统、混合法适用于灰色系统；后者指的是分解-联合法，适用于大系统建模，在系统被分解为若干分系统后，不计各分系统间关联，分别用演绎法、归纳法建立各分系统模型，再在各分系统间的关系模型的基础上将各分系统有机组装起来，形成系统模型。

4.2.3　景区低碳化发展的系统测度模型及仿真预测方法

在前面文献综述的基础上，遵循系统建模真实性、相关性、简明化等原则，采用复杂性建模方法，综合运用演绎-归纳混合法、分解-联合法，在分析低碳化景区复合系统及其所含的多个子系统内在结构的基础上，提出多角度、多维度、多尺度的评价模式对景区低碳化发展进行综合集成测度，即采用组合赋权下的管理熵评价法对景区系统多个时期的状态分别进行非线性度量，实时追踪和衡量状态的变化，反映系统现状和发展趋势。其中，组合赋权法指的是灰色关联法与改进后的层次分析法(G1 法)的集成；使用问卷调查的方式，基于语言集成算子，实现“从语言信息获取到语言信息评价”的过程，客观反映游客体验低碳化景区复合系统的状态；运用访谈分析手法，面向景区员工及当地居民，获取一手信息资料，全方位地了解景区系统历史及当前的状况。在此基础上，基于系统动力学方法，对低碳化景区复合系统进行仿真，反映景区系统低碳化发展态势，并对发展趋势提供“预估预判”(图 4.4)。

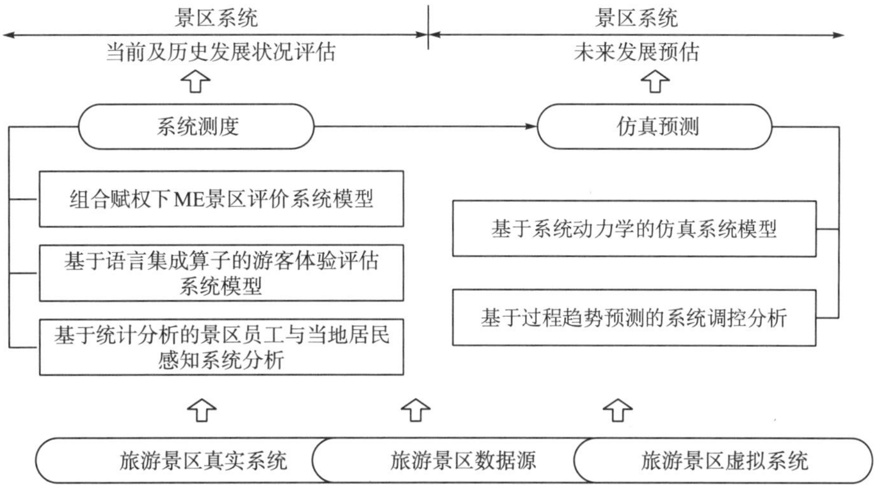

图 4.4　低碳化景区发展的系统测度及仿真建模方式

4.3 本章小结

本章首先分别从ME理论、MDS理论、ME-MDS应用分析了管理熵及管理耗散结构。然后，从低碳化景区演化原理和方向评判的角度，对景区系统通过与外界环境进行物质、能量、信息的交换状况，分析旅游景区系统运行的机理。最后，在总结系统建模理论与方法的基础上，遵循系统建模真实性、相关性、简明化等原则，采用复杂性建模方法，综合运用演绎-归纳混合法、分解-联合法，提出多角度多维度多尺度的测度模式对低碳化景区进行综合集成测度，运用系统动力学理论与方法，对低碳化景区进行仿真，以反映景区系统低碳化发展态势。

第 5 章　面向低碳生态旅游的自然风景区系统测度

5.1　多角度、多维度、多尺度的系统测度模式

多角度、多维度、多尺度的测度模式（M^3ADL）指的是从游客、居民、管理者、员工等多个利益相关者角度，以空间、时间上的不同度量为多个不同辨识尺度，观测景区生态表征、社会发展、经济发展、低碳控制等多个维度层面（图 5.1），考虑多指标的不同统计口径、统计量纲的差异化、宏观及微观状况不同表征等，通过构建遵循科学性、系统性、可比性、实用性、可操作性、简洁性等原则的评价指标体系，运用集成测度手段，对景区系统进行综合测度，验证评判结果，探讨其差异性，为景区系统低碳化发展提供参考。

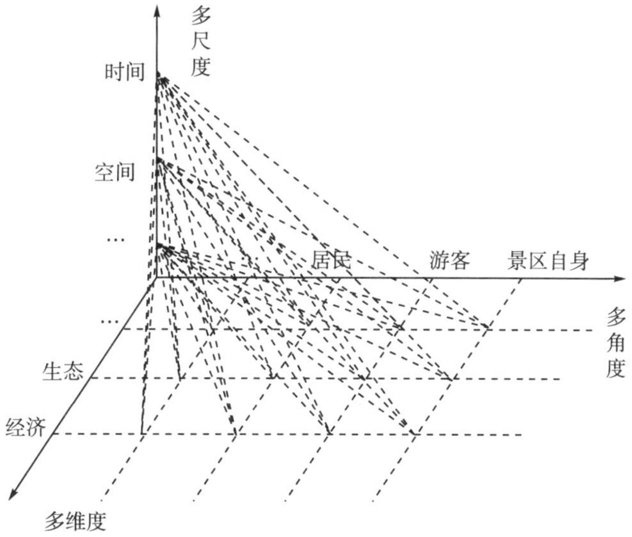

图 5.1　M^3ADL 测度模式示意

M^3ADL 测度模式的提出立足于旅游景区利益相关者，符合景区系统多个层面发展态势综合体现的要求。第一，它能表现出景区系统在获取经济效益、社会效益、生态效益等方面的变化状态；第二，它能更好地反映景区系统在生态保护、旅游服务、建设维护、日常管理等方面的变化及被游客、居民、员工等利益相关者认可的程度；第三，运用多个维度及尺度的测度方式，在历史、当前及未来发展的时间尺度上表明景区系统的低碳化发展趋势，在宏观、微观状态空间尺度上，多维度呈现景区系统变化；第四，针对当前景区系

统中生态环境受破坏程度加剧、自然旅游资源开发无序等问题，通过多方位的评估方式，便于发现和挖掘景区发展过程中深层次的关键问题以及待缓解的主要矛盾；第五，在此测度模式的基础上，其测度结果为景区系统旅游经济发展与环境保护、集成管理和游客满意度提高等方面提供反馈。

M^3ADL 测度模式构建是攸关景区低碳化发展评估是否有效的关键环节，因此该测度模式的设计应遵循以下原则。

(1)基于 ME 的景区系统要在揭示景区系统 ME 规律作用机理的前提下，综合反映景区系统在旅游经济、生态环境、低碳控制等方面的宏观发展情况。

(2)评价指标体系设计、调查问卷、访谈等涉及内容要综合考虑理论分析、实地调研、专家咨询等方式，获取低碳化景区评价的关键要素及景区低碳化发展的影响因素。

(3)评价指标体系构建应符合一定原则，如科学性、系统性、相对独立性、代表性、可操作性、简洁性等原则。

(4)设计的问卷内容应具有较好的信度和效度，问卷调查能反映游客对景区低碳化发展的体验状况；访谈内容要充分体现员工与居民对景区低碳化发展的感知状况。

(5)测度过程的设计应具有较强的科学性、实用性，便于景区管理及相关单位采用，同时使用量化手段分析研究对象，融合定性与定量方式，为管理决策提供依据。

M^3ADL 测度模式在本书对景区低碳化发展系统进行测度的过程中，将分为 M^2DL 与 MA 并行：一是基于 ME，构建景区系统经济运行、社会发展、生态表征、低碳控制、建设保障等多维度多尺度评价指标集，展开景区低碳化发展多维度、多尺度(M^2DL)评估；二是采用问卷调研、访谈分析等方式，构建面向居民、游客、员工等利益相关者的景区低碳化发展多角度(MA)验证性评判模式，对景区系统进行评判，以此与 M^2DL 测度结果对比探讨研究旅游景区系统低碳化发展状况。

5.2 景区低碳化发展多维度、多尺度测度

5.2.1 多维度、多尺度测度的效用

谈及多维度、多尺度测度的效用，意指其作用，体现 M^2DL 测度的重要作用。根据研究目标，从多维度对景区系统展开评估，能够更好地将景区系统的影响因素置于具有内在逻辑性、导向性的研究框架下，在解析景区系统层次结构的基础上，形成比较合理且科学的多维度指标体系，构建 ME-MDS 共同作用下的低碳化景区测度过程，从微观层面表明景区系统能量流动、物质循环、信息传递、价值增值等综合效应，从宏观层面揭示景区系统低碳化发展趋势，进一步体现系统在低碳控制、环境保护等方面的发展状况，反馈以往景区管理、游客服务、旅游资源开发等方面资源优化配置与科学利用是否有效等。

以多尺度为视角，以多个分辨粒度对景区系统进行考察，在时间尺度上，在即时数据流、信息流产生及计量的基础上，可以实现对景区系统活动的动态测度，而在一个时间段内，在对累积的数据流、信息流进行度量的基础上，能够实现对景区系统活动过程结果的

测度，一般以月度或年度为统计单位；在空间尺度上，分别以景区系统的景点空间布局为基础，或以景区系统的宏观、中观、微观等来划分，进行整体态势或局部态势的探讨。

多个维度、多个尺度展示景区系统各层次的状况及彼此间相互作用、相互影响的集总态势，以此来评判景区系统在低碳化发展过程中所取得的成效，对提高景区生态环境保护能力、服务能力、运营管理能力等所起的促进作用。

5.2.2　基于 ME-MDS 的景区低碳化发展测度模型

1. 管理熵流分析

根据管理熵、管理耗散结构理论及旅游景区系统的运行机理，ME 在景区运营管理系统中的流动形成了管理正或负熵流，管理负熵流是维持景区系统正常运营的必备条件，而管理正熵流是系统推陈出新的必然要求。

如图 5.2 所示，在运营管理的干预下，景区系统是一个具有 MDS 特性的非平衡开放系统，系统内部与外部进行着物质流、信息流、能量流、价值流等交换；景区系统内部的管理熵流来源于景区系统内部及外部共同作用的结果，管理正熵流是系统外部正熵增多及景区无效管理过程中产生的管理熵增共同导致的，管理负熵流是系统外部负熵的增多与景区系统有效管理过程中产生的管理熵减共同引起的。

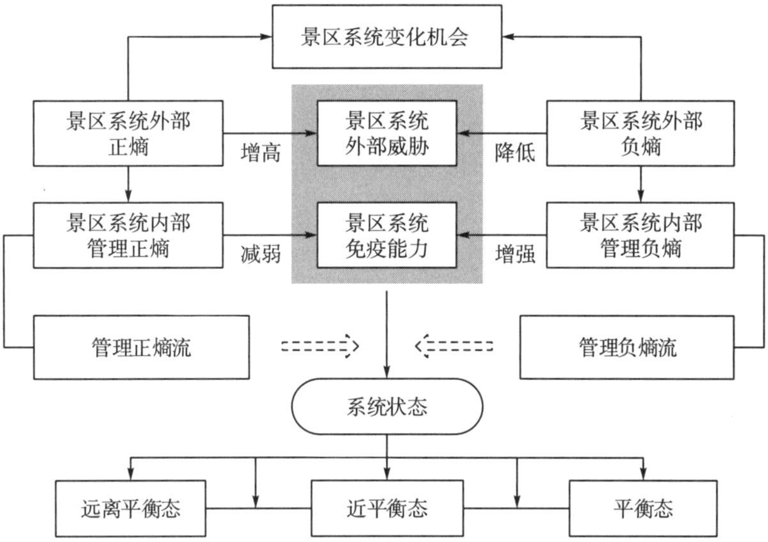

图 5.2　景区系统管理熵流

景区系统外部威胁的大小取决于系统外部正熵与负熵的作用结果，前者能够使外部威胁增加，后者能够使外部威胁降低。景区系统的免疫能力也是系统内部管理正熵与管理负熵一起作用的结果，其免疫能力越强，表明管理正熵流的作用效果小于管理负熵流的作用效果，系统朝着有序方向发展。一旦形成 MDS，系统处于远离平衡状态的非线性作用区域内，系统内的一个微观随机“小扰动”会通过相关作用不断放大，发展成为一个整体的、宏观的巨大涨落，使系统进入相对不稳定状态。在系统发展变化达到一定阈值后，再次发生的自组织现象使系统又上升到一个新的稳定的有序状态。当管理正熵流与管理负熵流相抵时，系统总管理熵值基本不变，系统处于近平衡态；当管理正熵流成为系统矛盾运动的主要方面时，景区系统免疫能力减弱，系统由高级有序向低级有序、低级有序向无序状态发展，一旦处于平衡态，系统将走向衰亡。

2. 管理熵增与耗散测度模型

根据对管理熵与管理耗散结构理论及管理熵流的分析，在景区系统低碳化发展过程中，管理对景区系统的作用通过物质流、信息流、能量流、价值流等方式在系统中传导。伴随系统内各单元间的内耗与抑制作用加剧，形成的管理正熵流导致景区系统走向无序状态；而各要素间协同作用，有效信息、能量等资源的引入，在景区系统内部形成管理负熵流，促进景区系统趋向有序状态，当耗散结构形成，系统结构较以前更具活力，系统的抗干扰能力、吞并融合能力和自我新陈代谢能力也将变强。

为评估低碳化景区的复合系统演化趋势，针对反映管理正熵流形成，使得管理熵增的因素，建立管理熵增模型：假设景区系统内部是一个相对封闭的孤立系统，较少与环境进行信息、能量和物质交换；系统内存在能量的差异，是处于一种不平衡状态，其数学模型表达式为

$$S_{\mathrm{I}} = \sum_{i=1}^{n} P_i S_i \tag{5-1}$$

$$S_i = -K \sum_{i=1}^{n} Q_i \ln Q_i \tag{5-2}$$

式中，i 为反映景区系统管理熵增的各种因素，如碳排放增加；S_{I} 为景区系统管理熵增值；P_i 为 i 因素的权重；S_i 为 i 因素所产生的熵值；K 是管理熵系数，表示景区系统所处的特定行业中，每增加单位收益所需追加的成本值[134]；Q_i 为 i 因素影响系统熵值变化的概率，且 $\sum Q_i = 1$。

针对反映管理负熵流形成，使得管理熵减的因素，建立管理熵减或管理耗散模型：景区系统是远离平衡态的开放系统；系统内部各要素之间存在非线性的相互作用；系统外部环境条件变化达到一定阈值；系统内部同环境不断地进行能量、物质、信息的交换，从而使系统的总熵为负。其数学表达式为

$$S_{\mathrm{E}} = \sum_{j=1}^{n} P_j S_j \tag{5-3}$$

$$S_j = K \sum_{j=1}^{n} Q_j \ln Q_j \tag{5-4}$$

式中，j 为反映景区系统管理负熵的各种因素，如能耗降低；S_{E} 为景区系统管理负熵值；P_j 为 j 因素的权重；S_j 为 j 因素带来的负熵值；K 是管理熵系数，表示景区系统所处的特定行业中，每增加单位收益所需追加的成本值[134]；Q_j 为 j 因素影响系统熵值变化的概率，且 $\sum Q_j = 1$。

在景区系统管理负熵流与管理正熵流的共同作用下，系统微观态的变化最终通过各影响因素表征数据综合的宏观态发展趋势来集中体现。管理熵增或熵减模型反映的是测度景区系统中若干子系统的相互作用下，低碳化景区在低碳化发展过程中表现出的无序度或有序度。

$$S_{\mathrm{T}} = S_{\mathrm{E}} + S_{\mathrm{I}} \tag{5-5}$$

式中，S_{T} 为景区系统管理熵值，当相邻两个时间段各自状态的管理熵值增量 $\Delta S_{\mathrm{T}}<0$ 时，管理负熵流在景区系统中起主导作用，使得景区系统向低碳化有序状态发展；当 $\Delta S_{\mathrm{T}}=0$ 时，管理负熵流与管理正熵流互相抵消，景区系统处于一种近似平衡态；当 $\Delta S_{\mathrm{T}}>0$ 时，管理正熵流在景区系统低碳化发展过程中起抑制作用，使得景区系统在该期间朝着无序方向发展。

景区系统低碳化发展的演化是一个比较复杂的过程，比较连续三个时间段各自状态的管理熵值，其增量分别为 $\Delta S_{\mathrm{T}}^{\mathrm{I}}$ 和 $\Delta S_{\mathrm{T}}^{\mathrm{II}}$，随着增量的变化不同，系统序度变化集见表 5.1。

表 5.1　系统序度变化集

$\Delta S_{\mathrm{T}}^{\mathrm{I}}$ 与 $\Delta S_{\mathrm{T}}^{\mathrm{II}}$ 变化方向	$\Delta S_{\mathrm{T}}^{\mathrm{I}}$ 与 $\Delta S_{\mathrm{T}}^{\mathrm{II}}$ 绝对量比较	相邻两时段内系统序度变化
(↑，↑)	$\Delta S_{\mathrm{T}}^{\mathrm{II}}>\Delta S_{\mathrm{T}}^{\mathrm{I}}$	熵增增强无序度，增幅度渐强
	$\Delta S_{\mathrm{T}}^{\mathrm{II}}=\Delta S_{\mathrm{T}}^{\mathrm{I}}$	熵增增强无序度，增幅度不变
	$\Delta S_{\mathrm{T}}^{\mathrm{II}}<\Delta S_{\mathrm{T}}^{\mathrm{I}}$	熵增增强无序度，增幅度渐弱
(↑，→)	$\Delta S_{\mathrm{T}}^{\mathrm{II}}<\Delta S_{\mathrm{T}}^{\mathrm{I}}$	序度不变
(↑，↓)	$\lvert\Delta S_{\mathrm{T}}^{\mathrm{II}}\rvert>\Delta S_{\mathrm{T}}^{\mathrm{I}}$	熵减减弱无序度，增强有序度
	$\lvert\Delta S_{\mathrm{T}}^{\mathrm{II}}\rvert=\Delta S_{\mathrm{T}}^{\mathrm{I}}$	熵增、熵减互相抵消，序度不变
	$\lvert\Delta S_{\mathrm{T}}^{\mathrm{II}}\rvert<\Delta S_{\mathrm{T}}^{\mathrm{I}}$	熵减减弱无序度
(→，↑)	$\Delta S_{\mathrm{T}}^{\mathrm{II}}>\Delta S_{\mathrm{T}}^{\mathrm{I}}$	熵增增强无序度
(→，→)	$\Delta S_{\mathrm{T}}^{\mathrm{II}}=\Delta S_{\mathrm{T}}^{\mathrm{I}}$	序度不变
(→，↓)	$\lvert\Delta S_{\mathrm{T}}^{\mathrm{II}}\rvert>\Delta S_{\mathrm{T}}^{\mathrm{I}}$	熵减增强有序度
(↓，↑)	$\Delta S_{\mathrm{T}}^{\mathrm{II}}>\lvert\Delta S_{\mathrm{T}}^{\mathrm{I}}\rvert$	熵增减弱有序度，增强无序度
	$\Delta S_{\mathrm{T}}^{\mathrm{II}}=\lvert\Delta S_{\mathrm{T}}^{\mathrm{I}}\rvert$	熵增、熵减互相抵消，序度不变
	$\Delta S_{\mathrm{T}}^{\mathrm{II}}<\lvert\Delta S_{\mathrm{T}}^{\mathrm{I}}\rvert$	熵增减弱有序度
(↓，→)	$\Delta S_{\mathrm{T}}^{\mathrm{II}}<\lvert\Delta S_{\mathrm{T}}^{\mathrm{I}}\rvert$	序度不变
(↓，↓)	$\lvert\Delta S_{\mathrm{T}}^{\mathrm{II}}\rvert>\lvert\Delta S_{\mathrm{T}}^{\mathrm{I}}\rvert$	熵减增强有序度，增幅度渐强
	$\lvert\Delta S_{\mathrm{T}}^{\mathrm{II}}\rvert=\lvert\Delta S_{\mathrm{T}}^{\mathrm{I}}\rvert$	熵减增强有序度，增幅度不变
	$\lvert\Delta S_{\mathrm{T}}^{\mathrm{II}}\rvert<\lvert\Delta S_{\mathrm{T}}^{\mathrm{I}}\rvert$	熵减增强有序度，增幅度渐弱

注：↑表示 $\Delta S_{\mathrm{T}}>0$，→表示 $\Delta S_{\mathrm{T}}=0$，↓表示 $\Delta S_{\mathrm{T}}<0$。

5.2.3 景区低碳化发展评价指标集

1. 指标集的构建原则及步骤

1) 构建原则

指标集即指标集合，又称指标体系，其构建是集成测度的基础，指标选取与指标集确定的科学性、客观性、公正性对评价的目标性、实用性等的体现至关重要。为使所构造的评价指标集能够全面系统、客观准确地测度景区系统低碳化发展状况，及时发现景区系统低碳发展过程中存在的问题，评价指标集构建、评估等环节必须遵循以下原则[97]。

(1) 科学性原则：在影响景区低碳化发展的众多因素中，抽取最重要、最本质及最具代表性的因素，对其描述要清晰，符合客观实际。

(2) 全面性原则：尽可能全面、完整地反映景区系统低碳化发展过程中各层次指标，从多个角度体现景区系统低碳化发展的优劣程度。

(3) 系统性原则：也叫整体性原则，要求把景区系统视为一个完整系统，其评价指标集中各指标间存在相互关联，能够从整体上体现景区各子系统发展的优劣状况。

(4) 结构性原则：指标集层次结构要分明，简明扼要。整个评价指标集的构成必须紧紧围绕景区低碳化发展的系统测度目的层层展开，评价结论确实反映评价目标。

(5) 相对独立性原则：处于同一景区系统中的各个指标间存在相互关联，在考虑指标的典型性、代表性的基础上，每个指标要保持相对独立，同一层次的各指标间应尽量不存在明显的相关关系、因果关系，力求保留尽可能少但信息量尽可能大的指标，这样就可以减少指标数量，将全面性、系统性、相对独立性等原则有机结合起来。

(6) 代表性原则：也叫可比性原则，在将评价目标与评价指标有机联系的基础上，指标应具有代表性，很好地反映景区系统的普遍性，即不同景区系统的共同属性，选取的指标要在行业内通用，所使用的统计口径和范围前后要保持一致，便于可比和参照，也要表现研究对象的差异性，保证测度结果真实、合理。

(7) 可操作性原则：要求指标含义表达明确，数据获取便利，在测度过程中易于操作，在对景区系统数据有效利用的基础上，进行量化分析和集成测度。

(8) 定性和定量指标相结合原则：仅仅选取定量指标，更多体现的是统计意义上的数据结果，难以综合全面地反映景区系统的状况，因此选取一些定性指标也是必要的，将定性指标与定量指标相结合，要求定量指标数据保持真实、可靠与有效，定性指标进行量化处理，尽量通过专家间接赋值或测算予以反映。

2) 构建步骤

为保证景区低碳化发展评价指标集的构建对旅游景区评估具有广泛的参考价值，且为具有同类特征、运营管理方式类似的旅游景区低碳化发展评估提供针对性的评价指标集，本书将评价指标集分为评价指标参考集及评价指标应用集。评价指标参考集旨在将影响旅游景区低碳化发展的各类重要因素囊括其中，供景区低碳化发展评价参考；评价指标应用集是指在评价指标参考集的实际应用过程中，需要根据特定的景区及其数据采集情况，进行指标参考集检验，逐步筛选，确立各层级指标。

以遵循指标集构建的科学性、全面性、系统性、结构性、相对独立性、代表性、可操作性、定性和定量指标相结合等原则为前提，根据人们对评价对象特征认识的逐步深化与完善，指标集构造大致需要经过理论准备、指标集初步构建、指标集筛选、指标集检验及确定等过程，如图 5.3 所示。

理论准备主要根据景区低碳化发展的既定目标，在理顺景区低碳化发展评价指标集涉及的相关理论内容的基础上，加深对该研究领域认识的广度与深度，设计评价指标集结构等；指标集初步构建则是在对低碳化景区主要影响因素分析的基础上，初步构建评价指标集，主要借助理论分析、频数统计等方式；指标集筛选主要通过专家咨询法筛选评价指标，形成景区低碳化发展评价指标参考集；指标集检验是在评价指标参考集的基础上，结合景区实际与实地调研数据对评价指标进行必要性、完整性等检验，也就是说结合实际，通过相关分析、定性分析等方法，对评价指标参考集进行指标筛选，形成针对被研究对象——景区系统的评价指标应用集。

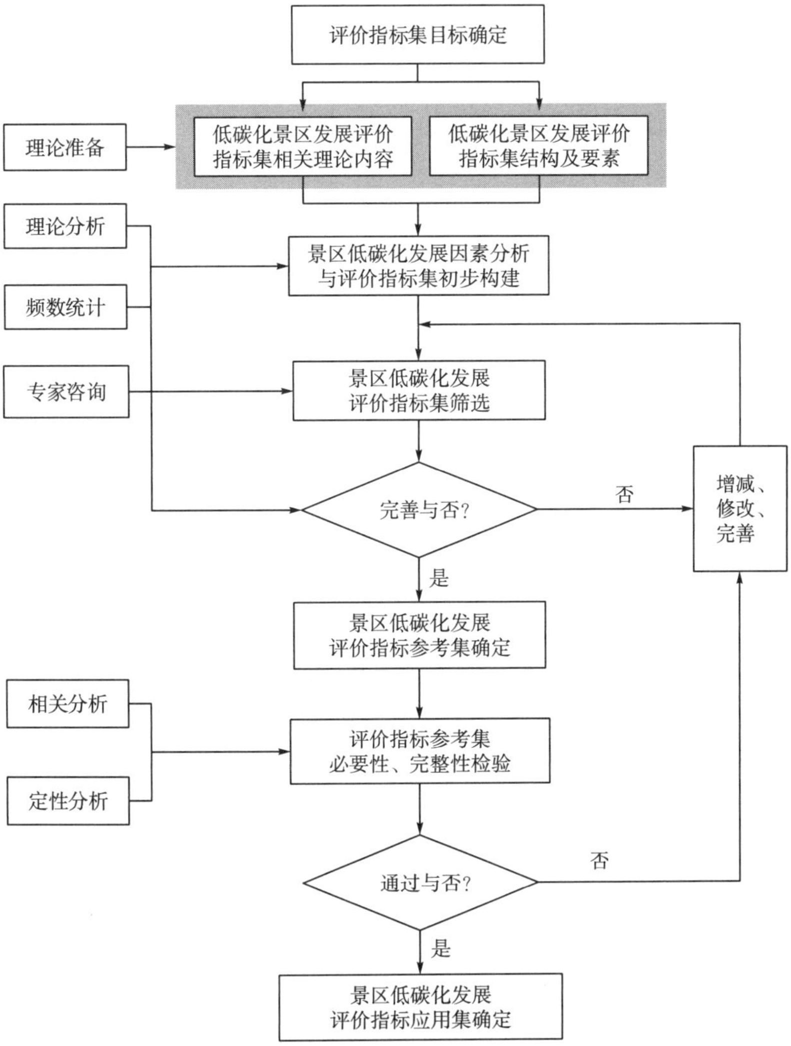

图 5.3　评价指标参考集与应用集的构建过程

2. 景区低碳化发展因素集

根据前述探讨的景区系统的层次结构，景区系统可分为五个子系统，具体为经济运行子系统、社会发展子系统、生态表征子系统、低碳控制子系统、建设保障子系统。为明晰景区低碳化发展的影响因素及其效果因素，对其评价指标集进行指标初选，为景区系统低碳化发展评价指标参考集的形成做铺垫。下面采用理论分析、频数分析、专家咨询等方法，进行定性与定量相结合，以探讨景区低碳化发展的影响因素、效果因素，即景区低碳化发展因素集。

从理论分析来看，依据景区系统的层次结构及低碳化景区的内涵，景区低碳化发展不仅要注重采用低碳化的经济增长、生态保护方式，更重要的是为景区的长远发展打下坚实基础。

经济运行子系统主要从旅游经济层面，衡量景区系统的经济效益水平，通过盈利能力、发展能力、市场开拓能力等来体现。其中，单位面积产值增长率、总资产报酬率、主营业务收益率、主营业务增长率、销售利润率、销售增长率、游客增长率、管理成本贡献率等对景区系统的经济效益产生了直接作用。

社会发展子系统主要从社会发展层面，考量景区系统的社会发展水平，通过居民的生活质量、文化程度等来体现，其中居民平均文化程度、传统文化保存度、居民人均收入增长率、居民恩格尔系数、居民低碳节能意识等影响了景区系统的社会效益。

生态表征子系统主要从自然环境层面，度量景区系统的生态效益状况，包括对大气、水资源、地表、生物的监测情况等。其中，空气质量水平、地表水质量水平、生物多样性水平、森林覆盖率、植被覆盖率、林地碳汇量、草地碳汇量等影响了景区系统的生态效益。

低碳控制子系统主要从低碳化运营层面，揭示对景区系统实施的低碳控制与引导手段、方式及效果，包括景区维持日常运营及景区游客食、住、行、游、购、娱等过程中的碳排放强度、能耗强度、碳汇能力等。其中，垃圾无害化处理率、污水集中处理率、人均交通工具碳排放下降率、游客人均碳排放、人均电能消耗节约率、清洁能源使用率、环保投入增长率、生态节能设备使用率、生态建筑材料使用率、生态厕所使用率、环保餐饮用品使用率、住宿能耗节约率、旅游商品环保包装使用率、低碳营销方式采用率、游客对低碳旅游的参与程度、低碳规划程度、员工对低碳化发展的认知度等对追求生态效益、经济效益、社会效益的共赢产生了不同程度的影响。

建设保障子系统主要从运营保障层面，为景区低碳化发展提供建设、技术、制度、安全等保障。其中，信息化平台完善度、先进技术应用程度、研发投入增长率、集成管理水平、基础与服务设施建设、旅游安全保障度、危机事件处理能力等对景区综合效益的取得发挥了一定作用。

在上述基础上，运用文献研究法，对有关景区低碳化评价指标的研究文献进行频数分析，以“景区(旅游地)”“低碳(低碳化)”或以“景区(旅游地)”“评价”为主题词在中国知网资源总库检索博硕论文、核心期刊等中文文献，以全文检索“scenic spot”“evaluation”“assessment”等主题词的方式在 Elsevier Science Direct 库检索含《旅游管理》《旅游研究纪事》等权威期刊在内的外文文献，并根据当前相关研究的热点及政策文件等，通过分析与本书研究主题相关的频数较高的因素，得出旅游景区低碳化发展的因素集，见表5.2。

表 5.2　景区系统低碳化发展因素集

序号	因素名称	序号	因素名称	序号	因素名称
1	单位面积产值增长率	16	植被覆盖率	31	环保餐饮用品使用率
2	总资产报酬率	17	森林覆盖率	32	住宿能耗节约率
3	主营业务收益率	18	林地碳汇量	33	旅游产品环保包装使用率
4	主营业务增长率	19	草地碳汇量	34	低碳营销方式采用率
5	销售利润率	20	生物多样性水平	35	游客对低碳旅游的参与程度
6	销售增长率	21	垃圾无害化处理率	36	低碳规划程度
7	游客增长率	22	污水集中处理率	37	员工对低碳化发展的认知度
8	管理成本贡献率	23	环保投入增长率	38	先进技术应用程度
9	居民平均文化程度	24	游客人均碳排放	39	信息化平台完善度
10	传统文化保存度	25	人均交通工具碳排放下降率	40	研发投入增长率
11	居民人均收入增长率	26	人均电能消耗节约率	41	集成管理水平
12	居民恩格尔系数	27	清洁能源使用率	42	基础设施建设水平
13	居民低碳节能意识	28	生态节能设备使用率	43	服务设施建设水平
14	空气质量水平	29	生态建筑材料使用率	44	旅游安全保障度
15	地表水质量水平	30	生态厕所使用率	45	危机事件处理能力

根据德尔菲法思想，运用专家咨询法，向低碳生态旅游、旅游景区管理、环境保护等方面的专家征询意见，在对本书研究主题把握及专家意见的基础上，经过第一轮专家咨询分析，对旅游景区低碳化发展因素集进行添加、删减、合并、修改，初步形成景区低碳化发展评价指标集，将该结果反馈给各专家，并通过第二轮专家咨询分析，筛选出重要程度较高的指标，为构建景区低碳化发展评价指标参考集奠定基础。

一般而言，有效的专家咨询人数应控制在 60 人左右，要求咨询面比较宽，范围比较广，与研究主题相关领域的专家都应涉及，但专家人数不宜过多，否则咨询成本较高、研究时间较长[156]。因此本书选取了主攻低碳生态旅游领域的专家学者 20 名、旅游景区管理领域的专家学者 20 名、环境保护领域的专家学者 15 名及具备丰富实践经验的景区规划设计专业人士 15 名作为征询意见的对象。

1) 第一轮专家咨询分析

采用匿名调研方式，分别向 70 位专家发放第一轮专家咨询调研量表，其中包括对景区低碳化发展评价的主题及目标的阐述、低碳化发展因素集(表 5.2)，并设置开放性问题，请专家对该因素集的修改调整等进行意见补充。回收有效咨询调研量表 60 份，占总发放数的 85.7%，对各因素的赞同次数如图 5.4 所示。

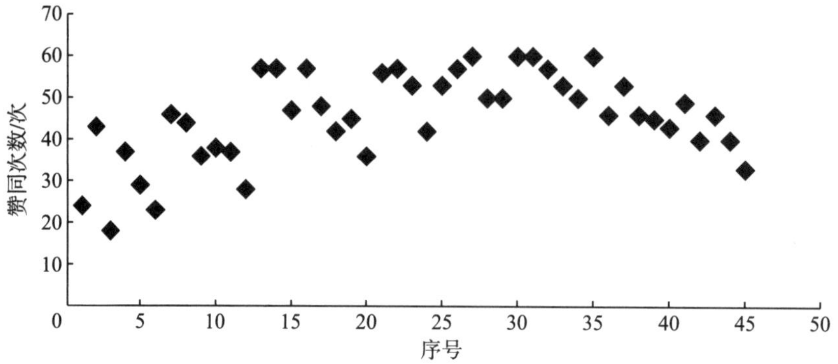

图 5.4　第一轮专家咨询调研结果

其中，赞同次数超过 30 次，即赞同率达到 50%以上的有 40 个因素，赞同次数不小于 36 次，即赞同率达到 60%及以上的有 39 个因素，认为单位面积产值增长率、主营业务收益率、销售利润率、销售增长率、居民恩格尔系数、危机事件处理能力 6 个因素或与本书研究主题相关程度不高，或与其他因素相关程度较高，故被剔除。

根据专家学者对低碳化发展因素集调整给予的补充建议，为体现景区收益与碳排放的关联，添加单位碳排放收益这一因素；由于森林覆盖率包含于植被覆盖率，单位面积林地碳汇量、单位面积草地碳汇量、景区占地面积都是相对稳定不变的，因此植被覆盖率可表征森林覆盖率，林地碳汇量与草地碳汇量也均被体现；人均交通工具碳排放下降率与交通工具、住宿、餐饮、电力、建筑等方面的碳排放、能耗相关程度高，可被替换；人均电能消耗节约率与清洁能源、节能设备使用率交叉程度较高，可被替换；低碳规划程度可由低碳营销方式采用率、生态节能设备使用率、人均交通工具碳排放下降率、人均电能消耗节约率等综合体现；先进技术应用程度包括信息化平台完善度；基础设施建设水平与服务设施建设水平可由设施建设水平代替。基于此，结合景区系统的效益共生目标及其解析结构，形成第一轮专家咨询后的景区低碳化发展评价指标体系，即景区低碳化发展评价初选指标，见表 5.3。

表 5.3　景区低碳化发展评价初选指标

一级指标	二级指标	三级指标	
效益表征类指标	经济运行	1	总资产报酬率
		2	主营业务增长率
		3	游客增长率
		4	管理成本贡献率
		5	单位碳排放收益
	社会发展	6	居民平均文化程度
		7	传统文化保存度
		8	居民人均收入增长率
		9	居民低碳节能意识

续表

一级指标	二级指标	三级指标	
效益表征类指标	生态表征	10	空气质量水平
		11	地表水质量水平
		12	植被覆盖率
		13	生物多样性水平
过程行为类指标	低碳控制	14	垃圾无害化处理率
		15	污水集中处理率
		16	环保投入增长率
		17	人均交通工具碳排放下降率
		18	清洁能源使用率
		19	生态节能设备使用率
		20	生态建筑材料使用率
		21	生态厕所使用率
		22	环保餐饮用品使用率
		23	住宿能耗节约率
		24	旅游产品环保包装使用率
		25	低碳营销方式采用率
		26	员工对低碳化发展的认知度
		27	游客对低碳旅游的参与程度
	建设保障	28	先进技术应用程度
		29	研发投入增长率
		30	集成管理水平
		31	设施建设水平
		32	旅游安全保障度

2) 第二轮专家咨询分析

在向各位专家汇报第一轮专家咨询结果的基础上，呈现出对添加、修改、合并及删除部分因素后的景区低碳化发展初选指标集，并基于层次分析法，根据景区系统的层次结构，体现各指标在评价过程中应发挥的反映、评价、比较等功效，为消除指标出现次序对评判分析的影响，将各单项指标按照其拼音首字母进行排序分列在各维度内，形成三级评价指标体系及第二轮专家咨询调研量表。请专家根据各指标对本书研究主题的相关或重要程度，对每个指标进行打分，1、2、3、4、5 分别表示极不重要、比较不重要、一般重要、比较重要、非常重要，并对评价指标体系的进一步完善提出建议。

第二轮专家咨询发放调研量表 60 份，回收有效量表 56 份，有效回收率达 93.3%，考查各项指标与量表得分的关系(表 5.4)，量表克龙巴赫(Cronbach) α 系数为 0.906，大于 0.65，表明专家打分，即指标得分数据可信度较高，通过了信度检验。由于各项指标确定经过了与本书研究主题相关的理论分析、频数分析、专家咨询等过程，因而具有较高效度。

表 5.4 第二轮专家咨询调研量表信度分析及得分统计

指标名称	删除个项后量表的平均得分	删除个项后量表的方差	个项-总量修正系数	删除个项后量表的克龙巴赫 α 系数	均值	标准差
单位碳排放收益	136.14	140.052	0.301	0.906	4.64	0.586
管理成本贡献率	136.64	132.452	0.506	0.903	4.14	0.962
游客增长率	136.64	135.288	0.439	0.904	4.14	0.841
主营业务增长率	136.61	131.843	0.551	0.902	4.18	0.936
总资产报酬率	136.48	130.981	0.610	0.901	4.30	0.913
居民低碳节能意识	136.34	137.792	0.411	0.904	4.45	0.658
居民人均收入增长率	136.66	130.301	0.532	0.903	4.13	1.080
居民平均文化程度	137.11	138.934	0.184	0.910	3.68	1.046
传统文化保存度	136.88	134.148	0.355	0.907	3.91	1.116
地表水质量水平	136.13	137.857	0.419	0.904	4.66	0.640
空气质量水平	136.23	139.491	0.378	0.905	4.55	0.537
生物多样性水平	136.18	137.095	0.513	0.903	4.61	0.593
植被覆盖率	136.09	139.392	0.416	0.904	4.70	0.502
低碳营销方式采用率	136.46	132.435	0.634	0.900	4.32	0.789
环保投入增长率	136.11	139.334	0.340	0.905	4.68	0.606
环保餐饮用品使用率	136.27	138.927	0.335	0.905	4.52	0.660
垃圾无害化处理率	136.23	137.854	0.406	0.904	4.55	0.658
旅游产品环保包装使用率	136.32	135.531	0.514	0.903	4.46	0.713
清洁能源使用率	136.34	133.465	0.621	0.901	4.45	0.737
人均交通工具碳排放下降率	136.18	141.531	0.204	0.907	4.36	0.796
生态厕所使用率	136.43	133.995	0.539	0.902	4.54	0.602
生态节能设备使用率	136.25	133.973	0.735	0.900	4.41	0.596
生态建筑材料使用率	136.38	135.620	0.619	0.901	4.54	0.571
污水集中处理率	136.25	137.027	0.540	0.903	4.59	0.532
员工对低碳化发展的认知度	136.20	138.488	0.463	0.904	4.50	0.572
游客对低碳旅游的参与程度	136.29	139.008	0.388	0.904	4.13	0.689
住宿能耗节约率	136.66	136.483	0.473	0.903	4.63	0.620
集成管理水平	136.16	135.665	0.590	0.902	4.16	0.987
旅游安全保障度	136.63	130.166	0.597	0.901	4.27	0.774
设施建设水平	136.52	130.291	0.774	0.898	4.57	0.599
先进技术应用程度	136.21	139.371	0.342	0.905	4.43	0.657
研发投入增长率	136.36	140.016	0.265	0.906	4.64	0.586

表 5.4 中各项指标平均得分表示各专家咨询意见的集中度，均值越高，表示该指标对本书研究主题的重要性越大，各项指标得分的标准差反映各项指标得分变数与平均数的差异，标准差越小，表示专家对该项指标打分意见的离散度越小，意见趋向统一。除了居民平均文化程度、传统文化保存度两项指标均值小于 4，其余指标的均值均大于 4，居民人均收入增长率、居民平均文化程度、传统文化保存度三项指标标准差大于 1，其余均小于 1。根据专家的意见，考虑到这三项指标平均得分大于 3.5 及其对景区低碳化发展社会效益的体现，建议保留。

3. 景区低碳化发展的评价指标参考集

在上述低碳化发展因素集及评价指标初选分析的基础上，构建的景区系统低碳化发展评价指标参考集见表 5.5。其中各维度内的单项指标均为正向指标，对景区低碳化发展起到正向促进作用。对各指标分析均采用定量化处理方式，其中不易直接获取数据的指标由长期参与或跟踪研究景区系统的专家学者对各期该指标状况进行赋值，以获得量化数据，赋值依据各期景区系统在该指标方面的具体表现状况，其表现状况分为五个等级，对应的分值范围由低到高分别为(0,2.0]、(2.0,4.0]、(4.0,6.0]、(6.0,8.0]、(8.0,10.0]。参考集中各项指标数据的获取方式具体如下。

表 5.5 景区低碳化发展评价指标参考集

一级指标	二级指标	三级指标		指标释义
效益表征类指标	EO：经济运行	EO01	单位碳排放收益	反映景区碳排放量与资本收益间的关系
		EO02	管理成本贡献率	反映景区收入产出与景区费用投入之比情况
		EO03	游客增长率	反映景区接待游客数量增长水平
		EO04	主营业务增长率	反映景区主营业务活动增长水平
		EO05	总资产报酬率	反映景区总资产获取收益水平
	SD：社会发展	SD01	居民低碳节能意识	考察景区居民的低碳环保理念状况
		SD02	居民人均收入增长率	考察景区居民收入增长水平
		SD03	居民平均文化程度	考察景区居民人均受教育程度
		SD04	传统文化保存度	考察景区对传统文化的保存和传承水平
	ER：生态表征	ER01	地表水质量水平	体现景区地表水环境质量状况
		ER02	空气质量水平	体现景区空气环境质量状况
		ER03	生物多样性水平	体现景区物种种类丰富程度
		ER04	植被覆盖率	体现景区森林、绿地等的覆盖水平
过程行为类指标	DC：低碳控制	DC01	低碳营销方式采用率	表明景区采用低碳营销的程度
		DC02	环保投入增长率	表明景区环保投入增长状况
		DC03	环保餐饮用品使用率	表明景区餐饮用品的循环使用状况
		DC04	垃圾无害化处理率	表明景区垃圾无害处理的效果
		DC05	旅游产品环保包装使用率	表明景区旅游产品环保包装的使用状况
		DC06	清洁能源使用率	表明景区可再生能源的使用状况
		DC07	人均交通工具碳排放下降率	表明景区观光车辆的碳排放量与游客量的关系变化
		DC08	生态厕所使用率	表明景区生态型环保厕所的使用状况
		DC09	生态节能设备使用率	表明景区生态节能设备的使用状况
		DC10	生态建筑材料使用率	表明景区生态建筑材料的使用状况
		DC11	污水集中处理率	表明景区污水集中处理的效果
		DC12	员工对低碳化发展的认知度	表明员工对景区低碳化发展的认识和理解水平
		DC13	游客对低碳旅游的参与程度	表明游客参与低碳旅游活动、响应低碳劝导服务状况
		DC14	住宿能耗节约率	表明景区内住宿能耗控制状况

续表

一级指标	二级指标	三级指标		指标释义
过程行为类指标	CG：建设保障	CG01	集成管理水平	表现景区日常运营管理的综合水平
		CG02	旅游安全保障度	表现景区提供旅游安全、处理危机事件的能力水平
		CG03	设施建设水平	表现景区基础、服务设施建设水平
		CG04	先进技术应用程度	表现景区循环、低碳等技术的运用水平
		CG05	研发投入增长率	表现景区研发投入的增长水平

1）经济运行维度内 EO01～EO05 指标的评价

EO01：

$$\text{单位碳排放收益}=\frac{\text{利润总额}+\text{利息支出}}{\text{景区碳排放量}} \tag{5-6}$$

式中，景区碳排放量主要是指景区运营过程中因大量游客呼吸、观光车辆行驶、燃料燃烧等产生的 CO_2 排放量；利润总额指景区实现的当年营业利润、营业外收入并扣除营业外支出的总和；利息支出是指景区在运营过程中实际支出的债权利息、贷款利息等，利润总额和利息支出之和为息税前利润。该指标用于度量资本收益与碳排放量间的关系。

EO02：

$$\text{管理成本贡献率}=\frac{\text{景区收入}}{\text{管理费用}}\times 100\% \tag{5-7}$$

式中，管理费用是指景区运营管理所发生的各种费用，如职工工资、福利费、办公费、修理费、物料消耗费、低值易耗品摊销费、差旅费、交通费、业务招待费、折旧费及其他；景区收入是指景区的门票、观光车或索道、宾馆（酒店）客房、餐饮等主营业务及其他业务收入。

EO03：

$$\text{游客增长率}=\frac{\text{本期末游客量}-\text{上期末游客量}}{\text{上期末游客量}}\times 100\% \tag{5-8}$$

EO04：

$$\text{主营业务收入增长率}=\frac{\text{本期末主营业务收入}-\text{上期末主营业务收入}}{\text{上期末主营业务收入}}\times 100\% \tag{5-9}$$

EO05：

$$\text{总资产报酬率}=\frac{\text{本期末利润总额}+\text{本期末利息支出}}{\dfrac{\text{本期初总资产}+\text{本期末总资产}}{2}}\times 100\% \tag{5-10}$$

2）社会发展维度内 SD01～SD04 指标的评价

SD01：居民低碳节能意识由长期参与或跟踪研究景区系统的专家学者对各期该指标状况进行赋值，以获得量化数据。赋值标准："居民低碳节能意识极其缺乏"对应分值范围为(0,2.0]；"居民低碳节能意识比较缺乏"对应分值范围为(2.0,4.0]；"居民具有一定的低碳节能意识"对应分值范围为(4.0,6.0]；"居民具有比较强的低碳节能意识"对应分值范围为(6.0,8.0]；“居民具有极强的低碳节能意识”对应分值范围为(8.0,10.0]。

SD02：

$$居民人均收入增长率=\frac{本期末居民人均收入-上期末居民人均收入}{上期末居民人均收入}\times 100\% \quad (5\text{-}11)$$

SD03：

$$居民平均文化程度=\frac{\sum(各受教育程度的景区居民人数\times 相应受教育程度的权数)}{景区居民人数} \quad (5\text{-}12)$$

式中，相应受教育程度的权数赋值标准：博士后为 10.0，博士为 9.0，硕士为 8.0，本科为 7.0，大专为 6.0，高中为 5.0，中专为 4.0，初中及以下为 3.0。

SD04：传统文化保存度由长期参与或跟踪研究景区系统的专家学者对各期该指标状况进行赋值，赋值标准：“景区传统文化基本没有得到保存和传承”对应分值范围为(0,2.0]；“景区传统文化保存及传承比较少”对应分值范围为(2.0,4.0]；“景区传统文化保存及传承程度一般”对应分值范围为(4.0,6.0]；“景区传统文化保存及传承比较多”对应分值范围为(6.0,8.0]；“景区传统文化基本都得以保存及传承”对应分值范围为(8.0,10.0]。

3)生态表征维度内 ER01 ~ ER04 指标的评价

ER01：

$$地表水质量水平=\frac{\sum(测量地表水质类别\times 水质类别对应分值)}{测量地表水质的次数} \quad (5\text{-}13)$$

式中，水质类别对应分值按照《地表水环境质量标准》(GB 3838—2002)中的划分标准进行赋值，其中Ⅰ类为(8.0,10.0]，Ⅱ类为(6.0,8.0]，Ⅲ类为(4.0,6.0]，Ⅳ类为(2.0,4.0]，Ⅴ类为(0,2.0]。

ER02：

$$空气质量水平=\frac{\sum(测量大气状况类别\times 大气类别对应分值)}{大气监测的次数} \quad (5\text{-}14)$$

式中，大气类别对应分值按照《环境空气质量标准》(GB 3095—1996)(实施期为 1996 年 10 月 1 日至 2015 年 12 月 31 日)，其中Ⅰ类为(8.0,10.0]，Ⅱ类为(6.0,8.0]，Ⅲ类为(0,6.0]；《环境空气质量标准》(GB 3095—2012)(实施期为 2016 年 1 月 1 日至今)，Ⅰ类为(8.0,10.0]，Ⅱ类为(0,8.0]。

ER03：生物多样性水平主要由动物多样性、植物多样性及珍稀物种等体现，由长期参与或跟踪研究景区系统的专家学者、监测者对各期该指标状况进行赋值，赋值标准：“物种数量极其少”对应分值范围为(0,2.0]；“物种数量比较少”对应分值范围为(2.0,4.0]；“物种数量一般”对应分值范围为(4.0,6.0]；“物种比较丰富，拥有国家二级及以上野生保护物种”对应分值范围为(6.0,8.0]；“物种极其丰富，拥有国家一级野生保护物种”对应分值范围为(8.0,10.0]。

ER04：

$$植被覆盖率=\frac{景区植物垂直投影面积}{景区面积}\times 100\% \tag{5-15}$$

4)低碳控制维度内DC01～DC14指标的评价

DC01：低碳营销方式不但包括对景区低碳生态旅游的宣传、游客低碳旅游行为示范引导等低碳理念的传播，而且含有对低碳营销手段的使用，如网络营销、移动终端营销、生态化引导标识、低碳旅游讲解服务等高效低耗的宣传方式。低碳营销方式采用率由长期参与或跟踪研究景区系统的专家学者对各期该指标状况进行赋值，赋值标准：“低碳营销渠道极其缺乏，低碳生态旅游基本没有得到宣传及示范引导”对应分值范围为(0,2.0]；“低碳营销渠道比较欠缺，低碳生态旅游宣传及示范引导力度不够”对应分值范围为(2.0,4.0]；“低碳营销渠道一般，低碳生态旅游宣传及示范引导力度一般”对应分值范围为(4.0,6.0]；“低碳营销渠道比较多，低碳生态旅游宣传及示范引导力度比较大”对应分值范围为(6.0,8.0]；“低碳营销渠道极其丰富多样，低碳生态旅游宣传及示范引导力度非常大”对应分值范围为(8.0,10.0]。

DC02：

$$环保投入增长率=\frac{本期末环保投入-上期末环保投入}{上期末环保投入}\times 100\% \tag{5-16}$$

DC03：环保餐饮用品使用率由长期参与或跟踪研究景区系统的专家学者对各期该指标状况进行赋值，赋值标准：“景区基本没有使用低碳环保、循环使用的餐饮用品”对应分值范围为(0,2.0]；“景区提供少量低碳环保、循环使用的餐饮用品”对应分值范围为(2.0,4.0]；“景区提供低碳环保、循环使用的餐饮用品数量一般”对应分值范围为(4.0,6.0]；“景区提供低碳环保、循环使用的餐饮用品数量较多”对应分值范围为(6.0,8.0]；“景区基本使用低碳环保、循环使用的餐饮用品”对应分值范围为(8.0,10.0]。

DC04：

$$垃圾无害化处理率=\frac{垃圾无害化处理量}{垃圾排放量}\times 100\% \tag{5-17}$$

DC05：旅游产品环保包装使用率由长期参与或跟踪研究景区系统的专家学者对各期该指标状况进行赋值，赋值标准：“景区旅游产品包装基本没有使用低碳环保、可降解材料”对应分值范围为(0,2.0]；“景区旅游产品包装较少使用低碳环保、可降解材料”对应分值范围为(2.0,4.0]；“景区旅游产品包装使用低碳环保、可降解材料情况一般”对应分值范围为(4.0,6.0]；“景区旅游产品包装较多使用低碳环保、可降解材料”对应分值范围为(6.0,8.0]；“景区旅游产品包装基本都使用低碳环保、可降解材料，或不提供包装”对应分值范围为(8.0,10.0]。

DC06：清洁能源是指消耗后不产生或很少产生污染物的一次能源和二次能源，包括太阳能、风能、水能、地热能、潮汐能、生物质能、沼气、天然气等。本书中的清洁能源使用率是指景区清洁能源使用量与景区终端能源消费总量之比，能源使用量均按标煤计。

景区终端能源消费总量是指一定时期内景区运营和居民生活消费的各种能源数量(扣除用于加工转换二次能源消费量和损失量)。清洁能源使用率也可由长期参与或跟踪研究景区系统的专家学者对各期该指标状况进行赋值，赋值标准："景区基本没有使用清洁能源"对应分值范围为(0,2.0]；"景区比较少使用清洁能源"对应分值范围为(2.0,4.0]；"景区使用清洁能源一般"对应分值范围为(4.0,6.0]；"景区比较多使用清洁能源"对应分值范围为(6.0,8.0]；"景区基本都使用清洁能源"对应分值范围为(8.0,10.0]。

DC07：

$$\text{人均交通工具碳排放下降率}=\left(1-\frac{\dfrac{\text{本期末交通工具碳排放量}}{\text{本期末游客量}}}{\dfrac{\text{上期末交通工具碳排放量}}{\text{上期末游客量}}}\right)\times100\% \tag{5-18}$$

式中，交通工具碳排放量=(耗汽油量×标煤折算系数$_1$+耗柴油量×标煤折算系数$_2$)×标煤排放系数(交通工具主要燃烧汽油、柴油)，根据能源统计年鉴，标煤折算系数$_1$取1.4714tce/t，标煤折算系数$_2$取1.4571tce/t，标煤排放系数为2.493t/tce。

DC08：

$$\text{生态厕所使用率}=\frac{\text{生态厕所数量}}{\text{厕所总数量}}\times100\% \tag{5-19}$$

生态厕所使用率由长期参与或跟踪研究景区系统的专家学者对各期该指标状况进行赋值，赋值标准："景区基本没有使用生态厕所"对应分值范围为(0,2.0]；"景区比较少使用生态厕所"对应分值范围为(2.0,4.0]；"景区生态厕所使用情况一般"对应分值范围为(4.0,6.0]；"景区比较多使用生态厕所"对应分值范围为(6.0,8.0]；"景区基本都使用生态厕所"对应分值范围为(8.0,10.0]。

DC09：生态节能设备使用率反映出景区运营通过使用节能设备，对电能、水能等资源的节约状况，由长期参与或跟踪研究景区系统的专家学者对各期该指标状况进行赋值，赋值标准："景区基本没有使用电能、水能等节能设备"对应分值范围为(0,2.0]；"景区比较少使用电能、水能等节能设备"对应分值范围为(2.0,4.0]；"景区电能、水能等节能设备使用情况一般"对应分值范围为(4.0,6.0]；"景区比较多使用电能、水能等节能设备"对应分值范围为(6.0,8.0]；"景区基本都使用电能、水能等节能设备"对应分值范围为(8.0,10.0]。

DC10：生态建筑材料使用率由长期参与或跟踪研究景区系统的专家学者对各期该指标状况进行赋值，赋值标准："景区基本没有使用生态建筑材料"对应分值范围为(0,2.0]；"景区比较少使用生态建筑材料"对应分值范围为(2.0,4.0]；"景区生态建筑材料使用情况一般"对应分值范围为(4.0,6.0]；"景区比较多使用生态建筑材料"对应分值范围为(6.0,8.0]；"景区基本都使用生态建筑材料"对应分值范围为(8.0,10.0]。

DC11：

$$\text{污水集中处理率}=\frac{\text{污水集中处理量}}{\text{污水排放量}}\times100\% \tag{5-20}$$

DC12：员工对低碳化发展的认知度反映员工对低碳理念的认识与理解程度及员工接受低碳生态旅游相关知识的培训状况，由长期参与或跟踪研究景区系统的专家学者对各期该指标状况进行赋值，赋值标准："景区基本没有对员工进行低碳生态旅游方面的知识培训，员工对景区低碳化发展的认识与理解程度极低"对应分值范围为(0,2.0]；"景区比较少对员工进行低碳生态旅游方面的知识培训，员工对景区低碳化发展的认识与理解程度比较低"对应分值范围为(2.0,4.0]；"景区对员工进行低碳生态旅游方面的知识培训情况一般，员工对景区低碳化发展的认识与理解程度一般"对应分值范围为(4.0,6.0]；"景区比较多对员工进行低碳生态旅游方面的知识培训，员工对景区低碳化发展的认识与理解程度比较高"对应分值范围为(6.0,8.0]；"景区对员工进行大量的低碳生态旅游方面的知识培训，员工对景区低碳化发展的认识与理解程度很高"对应分值范围为(8.0,10.0]。

DC13：游客对低碳旅游的参与程度反映游客在游览过程中参与低碳生态旅游活动，遵循低碳劝导服务指示的状况，由长期参与或跟踪研究景区系统的专家学者对各期该指标状况进行赋值，赋值标准："游客基本不参与景区低碳生态旅游活动，不遵循低碳劝导服务指示"对应分值范围为(0,2.0]；"游客比较少参与景区低碳生态旅游活动，不太愿意遵循低碳劝导服务指示"对应分值范围为(2.0,4.0]；"游客参与景区低碳生态旅游活动、愿意遵循低碳劝导服务指示的情况一般"对应分值范围为(4.0,6.0]；"游客比较多参与景区低碳生态旅游活动，比较愿意遵循低碳劝导服务指示"对应分值范围为(6.0,8.0]；"游客非常愿意参与景区低碳生态旅游活动，非常愿意遵循低碳劝导服务指示"对应分值范围为(8.0,10.0]。

DC14：住宿能耗节约率反映景区内居民住宅及宾馆酒店通过使用节能设施实现对各种资源的节约，由长期参与或跟踪研究景区系统的专家学者对各期该指标状况进行赋值，赋值标准："景区内居民住宅及宾馆酒店基本没有使用节能设施"对应分值范围为(0,2.0]；"景区内居民住宅及宾馆酒店比较少使用节能设施"对应分值范围为(2.0,4.0]；"景区内居民住宅及宾馆酒店节能设施使用情况一般"对应分值范围为(4.0,6.0]；"景区内居民住宅及宾馆酒店比较多使用节能设施"对应分值范围为(6.0,8.0]；"景区内居民住宅及宾馆酒店基本都使用节能设施"对应分值范围为(8.0,10.0]。

5）建设保障维度内 CG01～CG05 指标的评价

CG01：集成管理水平反映在景区日常运营过程中，服务价值链中的基本活动、辅助活动的开展情况与人力资源、财务资源、物料资源等的配置状况，以及管理效率的高低，由长期参与或跟踪研究景区系统的专家学者对各期该指标状况进行赋值，赋值标准："景区运营管理活动很混乱，各类资源配置很不合理，管理效率很低"对应分值范围为(0,2.0]；"景区运营管理活动比较混乱，各类资源配置比较不合理，管理效率比较低"对应分值范围为(2.0,4.0]；"景区运营管理活动与各类资源配置状况一般，管理效率达一般水平"对应分值范围为(4.0,6.0]；"景区运营管理活动比较有序，各类资源配置比较合理，管理效率比较高"对应分值范围为(6.0,8.0]；"景区运营管理活动很有序，各类资源配置很合理，管理效率很高"对应分值范围为(8.0,10.0]。

CG02：旅游安全保障度反映景区为游客游览、参与低碳生态旅游等活动提供的安全保障及对危机事件的处理能力，由长期参与或跟踪研究景区系统的专家学者对各期该指标状况进行赋值，赋值标准："景区基本没有为游客游览、参与低碳生态旅游等活动提供安全保障，危机事件处理能力很低"对应分值范围为(0,2.0]；"景区比较少为游客游览、参与低碳生态旅游等活动提供安全保障，危机事件处理能力比较低"对应分值范围为(2.0,4.0]；"景区为游客游览、参与低碳生态旅游等活动提供安全保障一般，危机事件处理能力一般"对应分值范围为(4.0,6.0]；"景区为游客游览、参与低碳生态旅游等活动提供的安全保障较多，危机事件处理能力比较高"对应分值范围为(6.0,8.0]；"景区为游客游览、参与低碳生态旅游等活动提供了很好的安全保障，危机事件处理能力很高"对应分值范围为(8.0,10.0]。

CG03：设施建设水平反映景区基础设施与服务设施的建设状况及资金投入状况，由长期参与或跟踪研究景区系统的专家学者对各期该指标状况进行赋值，赋值标准："景区基础设施与服务设施建设状况很差，资金投入很少"对应分值范围为(0,2.0]；"景区基础设施与服务设施建设状况比较差，资金投入比较少"对应分值范围为(2.0,4.0]；"景区基础设施与服务设施建设状况一般，资金投入一般"对应分值范围为(4.0,6.0]；"景区基础设施与服务设施建设状况比较好，资金投入比较多"对应分值范围为(6.0,8.0]；"景区基础设施与服务设施建设状况很好，资金投入很多"对应分值范围为(8.0,10.0]。

CG04：先进技术应用程度反映景区对低碳环保技术、信息化与智能化技术等先进技术的应用状况，由长期参与或跟踪研究景区系统的专家学者对各期该指标状况进行赋值，赋值标准："景区基本没有使用低碳环保技术、信息化与智能化技术等先进技术"对应分值范围为(0,2.0]；"景区比较少使用低碳环保技术、信息化与智能化技术等先进技术"对应分值范围为(2.0,4.0]；"景区对低碳环保技术、信息化与智能化技术等先进技术使用状况一般"对应分值范围为(4.0,6.0]；"景区比较多使用低碳环保技术、信息化与智能化技术等先进技术"对应分值范围为(6.0,8.0]；"景区大量使用低碳环保技术、信息化与智能化技术等先进技术"对应分值范围为(8.0,10.0]。

CG05：$$\text{研发投入增长率}=\frac{\text{本期末科研资金投入}-\text{上期末科研资金投入}}{\text{上期末科研资金投入}}\times 100\% \tag{5-21}$$

4. 景区低碳化发展的评价指标应用集

参照景区系统低碳化发展评价指标参考集，遵循可操作性、相对独立性等原则，结合被研究对象实际，在获取定性指标与定量指标各期对应数据的基础上，对参考集中指标进行必要性、完备性测验，为景区系统低碳化发展评价指标应用集构建奠定基础。

1) 指标赋值

为综合评估景区低碳化发展状况，全面反映景区各维度实际，参考集中部分指标是在景区已有原始数据的基础上测算得到的，另一部分或由于景区实际数据难以获取，或难以对定性指标进行量化，因此通过专家咨询对指标赋值取得。为保证专家对各指标赋值的统一性和可靠性，本书根据 L 位专家对 M 个指标 N 个时期各期的表现状况赋值，统计指标最终对应数据的集中度、离散度、协调度以判断是否需要进行下一轮赋值。

(1) 集中度。假设 E_{ijk} 为第 k 位专家对指标 i 在第 j 期的表现赋值，$\bar{E}_{ij}$ 为指标 i 在第 j 期的专家赋值的集中度，$i=1,2,\cdots,M$；$j=1,2,\cdots,N$。其公式为

$$\bar{E}_{ij}=\frac{1}{L}\sum_{k=1}^{L}E_{ijk} \tag{5-22}$$

(2) 离散度。假设 δ_{ij} 为指标 i 在第 j 期的专家赋值的标准差，即专家对第 i 个指标第 j 期赋值的分散程度。其公式为

$$\delta_{ij}=\sqrt{\frac{1}{L-1}\sum_{k=1}^{L}(E_{ijk}-\bar{E}_{ij})^2} \tag{5-23}$$

(3) 协调度。假设 V_{ij} 为专家对第 i 个指标第 j 期赋值的协调度。其公式为

$$V_{ij}=\frac{\delta_{ij}}{\bar{E}_{ij}} \tag{5-24}$$

δ_{ij} 与 V_{ij} 值越小表明专家赋值一致性越高。综合分析统计指标数据的集中度、离散度、协调度，判断是否需要进行下一轮专家赋值。

2) 指标检验

在收集量化数据后，对指标集进行必要性检验、完备性检验，以对参考指标集进行调整，形成适合被研究对象的指标应用集。

(1) 必要性检验。此检验要求根据被研究对象的指标数据统计，判断景区低碳化发展评价指标参考集中所有指标是否为必不可少的，指标间是否存在高度相关性。由于所有指标都是对被评价对象的反映，指标间通常都存在一定的相关性。为避免指标间存在高度相关性对评价结果客观性的影响，使得指标间保持相对独立性，必须对指标集进行相关性分析。一般步骤如下：计算指标间的相关系数 R_{ij}，根据实际情况确定其临界值 λ，当 $R_{ij}\geqslant\lambda$ 时，可删除重要程度较小的指标，反之两个指标均保留。

(2) 完整性检验。此检验指的是评价指标集是否比较全面系统地反映景区系统低碳化发展评价的目标，通常根据专家咨询对被研究景区系统进行定性分析来判断。

综合上述检验结果，可以得到适用于被研究对象的景区系统低碳化发展评价指标应用集。

5.2.4 权重确定的方法集

1. 指标权重确定方法比较

确定指标权重的方法比较多，大致可分为客观赋权、主观赋权及组合赋权三类。其中，客观赋权比较常用的方法有主成分分析、因子分析、熵值法等，主观赋权主要有德尔菲法、层次分析法等，多种主客观赋权方法比较见表 5.6。

组合赋权则是对两类赋权方式的集成，弥补了单一赋权方式的不足，融合两者之优势，结合主观赋权与客观赋权过程，实现对客观性与解释性的均衡。

表 5.6　多种主客观赋权方法比较

赋权类别	常用方法	优势	劣势
主观赋权	德尔菲法	不受样本数据的限制，赋权与实际情况比较吻合，适用范围广泛	客观性较弱，易受专家具备的知识、经验等主观因素影响
	层次分析法	权数赋值过程比较具有逻辑性，解释性强，应用范围广	一致性检验难以通过，计算过程复杂，客观性较弱，具有一定主观性
客观赋权	因子分析	从显性变量中导出隐性变量，提炼共性因子，降低变量维数，适用于具有数据样本的情形	易受样本数据随机性影响，需要有样本数据，有时与实际情况相悖
	主成分分析	从原始变量中得出少数几个综合变量即主成分，降低变量维数与主成分间相关性，适用于具有数据样本的情形	易受样本数据随机性影响，需要有样本数据，有时与实际情况相悖，不能准确反映原始数据所包含的全部信息
	熵值法	反映指标信息效用，可信度较大，自适应功能较强，适用于具有数据样本的情形	易受样本数据随机性影响，有时与实际情况相悖，需要样本数据

2. GC-G1 组合赋权

GC-G1 组合赋权，即灰色关联 G1 法，是集成客观赋权法——灰色关联法(grey correlation)、主观赋权法——G1 法(改进后的 AHP 法)，以乘法合成归一方式，得到各指标的组合权数。

灰色关联法属于 1982 年邓聚龙提出的灰色系统理论的研究范畴[157]，它根据处于发展变化过程中的系统内各因素之间动态发展趋势的相似或相异程度来度量因素间的关联程度，计算所需的样本量小，弥补了数理统计方法中对大样本量要求的不足，精度较高，适合于对具有时间序列的数据进行量化分析。G1 法是针对层次分析法在使用过程中可能出现的判断矩阵无法通过一致性检验而提出的，通过确定指标间序关系和各相邻指标间重要程度的一种无须一致性检验的主观权重确定方法[158]，它与灰色关联法的集成，有机融合主客观赋权的优势，一定程度上避免了单一赋权存在的不足，既能体现专家根据实际问题对指标作用的经验判断，又能依据统计数据对指标重要程度进行客观赋值。GC-G1 组合赋权过程如下。

步骤 1：灰关联赋值。

步骤 1.1：收集整理景区低碳化发展评价指标相关数据，对数据进行无量纲化处理。

步骤 1.2：建立灰关联集，$X=\{x_0,x_1,\cdots,x_w\}$，其中 $x_0=\{x_0(1),x_0(2),\cdots,x_0(n)\}$ 为参考序列；$x_i=\{x_i(1),x_i(2),\cdots,x_i(n)\}$ 为比较序列；$x_0(l)$、$x_i(l)$ 分别为 x_0、x_i 第 l 个点上对应的数值，且 $x_0(l)$ 是 $x_1,x_2,\cdots,x_w$ 各序列上分别对应的第 l 个点上的最大值。

步骤 1.3：计算灰关联系数 γ 。

$$\gamma_{0i}(l)=\frac{\varDelta_{\min}+\xi\varDelta_{\max}}{\varDelta_i(l)}+\xi\varDelta_{\max} \tag{5-25}$$

$$\varDelta_i(l)=\left|x_0(l)-x_i(l)\right| \tag{5-26}$$

$$\varDelta_{\max}=\max_i\max_l\varDelta_i(l) \tag{5-27}$$

$$\varDelta_{\min}=\min_i\min_l\Delta_i(l) \tag{5-28}$$

式中，$\gamma_{0i}(l)$ 为比较序列 x_i 与参考序列 x_0 关于第 l 个点的灰关联系数，$l=1,2,\cdots,n$；$\varDelta_{\min}$ 为两极最小值；$\varDelta_{\max}$ 为两极最大值；$\varDelta_i(l)$ 为 x_0、x_i 第 l 个点上对应数值的绝对差值；$\xi\in[0,1]$，为分辨系数，为减少极值对计算结果造成的偏差影响，在实际应用过程中，应根据序列间关联程度取值，一般取$\xi \in [0,0.5]$比较恰当。

步骤 1.4：计算比较序列与参考序列间的关联度：

$$\gamma_{0l} = \frac{1}{w}\sum_{i=1}^{w}\gamma_{0i}(l) \quad (l = 1,2,\cdots,n) \tag{5-29}$$

步骤 1.5：将比较序列中各列对应的因素关联度归一化，计算$W_l = \gamma_{0l} \Big/ \sum_{\gamma=1}^{n}\gamma_{0l}\,(l = 1,2,\cdots,n)$得到权数。

步骤 2：G1 赋值。

步骤 2.1：确定评价指标序关系。

假定上述景区低碳化发展评价指标应用集中有w个评价指标，若评价指标E_u相对于评价准则的重要性程度大于(或不小于)E_v时，则记为$E_u \succ E_v$。若评价指标$E_1, E_2, \cdots, E_w$相对于评价准则具有关系式$E_1^* \succ E_2^* \succ \cdots \succ E_w^*$，则这里$E_u^*$表示$\{E_u^*\}$按序关系“$\succ$”排定顺序后的第$u$个评价指标，$u = 1,2,\cdots,w$。

对于评价指标应用集$\{E_1, E_2, \cdots, E_w\}$，可按照以下步骤建立序关系。

第 1 步，专家在指标集$\{E_1, E_2, \cdots, E_w\}$中，选出认为是最重要(关于某评价准则)的一个(只选一个)指标记为E_1^*。

……

第m步，专家在余下的$w-(m-1)$个指标中，选出认为是最重要(关于某评价准则)的一个(只选一个)指标记为E_m^*。

……

第w步，经过$w-1$次挑选剩下的评价指标为E_w^*。

这样就对w个评价指标按照评价准则逐步建立序关系，则确定唯一的一个序关系$E_1^* \succ E_2^* \succ \cdots \succ E_w^*$。

步骤 2.2：比较判断E_{m-1}与E_m间的相对重要程度。

假定相关专家关于评价指标E_{m-1}与E_m的重要性程度之比χ_{m-1} / χ_m理性判断分别为

$$\frac{\chi_{m-1}}{\chi_m} = R_m \quad (m = w, w-1, \cdots, 3, 2) \tag{5-30}$$

当w较大时，由$E_1 \succ E_2 \succ \cdots \succ E_w$可取$R_w = 1$，$R_m$赋值参考见表 5.7。

表 5.7　R_m赋值参考

序号	重要性等级	R_m赋值
1	指标E_{m-1}与指标E_m有相同的重要性	1.0
2	指标E_{m-1}与指标E_m的重要性程度之比介于同样重要和稍微重要之间	1.1
3	指标E_{m-1}与指标E_m稍微重要	1.2
4	指标E_{m-1}与指标E_m的重要性程度之比介于稍微重要和明显重要之间	1.3
5	指标E_{m-1}与指标E_m明显重要	1.4
6	指标E_{m-1}与指标E_m的重要性程度之比介于明显重要和强烈重要之间	1.5

续表

序号	重要性等级	R_m 赋值
7	指标 E_{m-1} 与指标 E_m 强烈重要	1.6
8	指标 E_{m-1} 与指标 E_m 的重要性程度之比介于强烈重要和极其重要之间	1.7
9	指标 E_{m-1} 与指标 E_m 极其重要	1.8

步骤 2.3：计算权重系数 χ_m。

若专家或决策者给出的 R_m 的理性赋值满足：

$$\frac{R_{m-1}}{R_m}>1 \quad (m=w,w-1,\cdots,3,2) \tag{5-31}$$

利用式(5-32)和式(5-33)计算指标 E_w 的权重值 χ_w。

$$\chi_w=\left(1+\sum_{m=2}^{w}\prod_{u=m}^{w}R_u\right)^{-1} \tag{5-32}$$

$$\chi_{m-1}=R_m\chi_m \quad (m=w,w-1,\cdots,3,2) \tag{5-33}$$

在 G1 法的应用过程[158]中，不同专家确定的序关系通常不太一样，可分别按不同的序关系，计得不同序关系下各指标的权重后，加权计得各指标权数 $W_m(m=1,2,\cdots,w)$。

步骤 3：GC-G1 赋值。

根据乘法合成归一法，将两种赋权方法得到的同一指标权数组合计算，计算公式为

$$\omega_j=\frac{\prod_{l=1}^{2}W_j(l)}{\sum_{j=1}^{w}\prod_{l=1}^{2}W_j(l)} \tag{5-34}$$

5.2.5　景区低碳化发展的评级参考

根据景区系统低碳化发展评价指标集，运用基于 ME-MDS 的景区低碳化发展评价模型及 GC-G1 组合赋权，对景区低碳化发展态势进行评估。当各期的管理熵值逐步降低，表明景区趋向低碳化发展，熵值下降幅度越大，说明趋向低碳化发展速度越快，故对下降幅度进行分级，以对低碳化发展态势进行评判。

假定 S_a 是景区系统发展过程中 a 期末的管理熵值，S_b 是景区系统发展过程中 b 期末的管理熵值，S_c 是景区系统发展过程中 c 期末的管理熵值，ΔS_{T} 表示前后两期管理熵值增量，$\Delta S_{\mathrm{T}}^{\mathrm{I}}=S_b-S_a$，$\Delta S_{\mathrm{T}}^{\mathrm{II}}=S_c-S_b$，$V$ 为管理熵值增量变化幅度，$V=\frac{\left|\Delta S_{\mathrm{T}}^{\mathrm{II}}-\Delta S_{\mathrm{T}}^{\mathrm{I}}\right|}{\left|\Delta S_{\mathrm{T}}^{\mathrm{I}}\right|}\times 100\%$，$V\in(0,+\infty)$，$\Delta S_{\mathrm{T}}^{\mathrm{I}}\neq 0$，在景区系统低碳化发展的复杂演化过程中，管理熵值增量变化幅度直接反映了系统管理熵值增量递增或递减的程度，揭示了系统趋向有序或无序变化的状况，在体现管理熵值大小的基础上，更进一步表现了由微观向宏观的系统集总动态变化。

基于 ME 的景区低碳化发展速度评级参考见表 5.8。

表 5.8　基于 ME 的景区低碳化发展速度评级参考

管理熵值			景区低碳化发展速度级别及对应取值范围						
$V=\left(\frac{\left\|\Delta S_{\mathrm{T}}^{\mathrm{II}}-\Delta S_{\mathrm{T}}^{\mathrm{I}}\right\|}{\left\|\Delta S_{\mathrm{T}}^{\mathrm{I}}\right\|}\right)\times 100\%$，$\Delta S_{\mathrm{T}}^{\mathrm{I}}=S_b-S_a$，$\Delta S_{\mathrm{T}}^{\mathrm{II}}=S_c-S_b$			0 级	1 级	2 级	3 级	4 级	5 级	6 级及以上
			0	（0,20]	（20%,40%]	（40%,60%]	（60%,80%]	（80%,100%]	（100%,+∞]
$\Delta S_{\mathrm{T}}^{\mathrm{I}}<0$	$\Delta S_{\mathrm{T}}^{\mathrm{II}}<0$	$\Delta S_{\mathrm{T}}^{\mathrm{I}}<\Delta S_{\mathrm{T}}^{\mathrm{II}}$	趋向低碳化发展，有序发展速度下降 X 级，$X\in\{0,1,2,\cdots,N\}$（N 为自然数）						
		$\Delta S_{\mathrm{T}}^{\mathrm{I}}=\Delta S_{\mathrm{T}}^{\mathrm{II}}$	趋向低碳化发展，有序发展速度不变						
		$\Delta S_{\mathrm{T}}^{\mathrm{I}}>\Delta S_{\mathrm{T}}^{\mathrm{II}}$	趋向低碳化发展，有序发展速度提高 X 级，$X\in\{0,1,2,\cdots,N\}$（N 为自然数）						
	$\Delta S_{\mathrm{T}}^{\mathrm{II}}=0$		有序发展速度下降至 0						
	$\Delta S_{\mathrm{T}}^{\mathrm{II}}>0$		背离低碳化发展，无序发展速度提高 X 级，$X\in\{0,1,2,\cdots,N\}$（N 为自然数）						
$\Delta S_{\mathrm{T}}^{\mathrm{I}}=0$	$\Delta S_{\mathrm{T}}^{\mathrm{II}}<0$		趋向低碳化发展，有序发展速度提高						
	$\Delta S_{\mathrm{T}}^{\mathrm{II}}=0$		近平衡态，序度不变						
	$\Delta S_{\mathrm{T}}^{\mathrm{II}}>0$		背离低碳化发展，无序发展速度提高						
$\Delta S_{\mathrm{T}}^{\mathrm{I}}>0$	$\Delta S_{\mathrm{T}}^{\mathrm{II}}<0$		趋向低碳化发展，有序发展速度提高 X 级，$X\in\{0,1,2,\cdots,N\}$（N 为自然数）						
	$\Delta S_{\mathrm{T}}^{\mathrm{II}}=0$		无序发展速度下降至 0						
	$\Delta S_{\mathrm{T}}^{\mathrm{II}}>0$	$\Delta S_{\mathrm{T}}^{\mathrm{I}}<\Delta S_{\mathrm{T}}^{\mathrm{II}}$	背离低碳化发展，无序发展速度提高 X 级，$X\in\{0,1,2,\cdots,N\}$（N 为自然数）						
		$\Delta S_{\mathrm{T}}^{\mathrm{I}}=\Delta S_{\mathrm{T}}^{\mathrm{II}}$	背离低碳化发展，无序发展速度不变						
		$\Delta S_{\mathrm{T}}^{\mathrm{I}}>\Delta S_{\mathrm{T}}^{\mathrm{II}}$	背离低碳化发展，无序发展速度下降 X 级，$X\in\{0,1,2,\cdots,N\}$（N 为自然数）						

5.2.6　景区低碳化发展的测度过程

在上述景区低碳化发展评价指标参考集构建及对多维度、多尺度评价指标数据搜集的基础上，根据被评价对象的实际及指标对应的样本数据分析，逐步形成评价指标应用集，并将各指标原始值无量纲化，转化为管理熵增与耗散结构模型中所需的数据。同时采用统计软件，计算分析预处理后的数据，通过 GC-G1 组合赋权法，确定各评价指标的权重，为 ME-MDS 评价奠定计量基础(图 5.5)。继而对评价结果进行分析，揭示景区实施低碳环保建设效果，界定景区低碳化发展态势级别，为景区低碳化发展有序进行提出进一步改进及完善的对策建议。

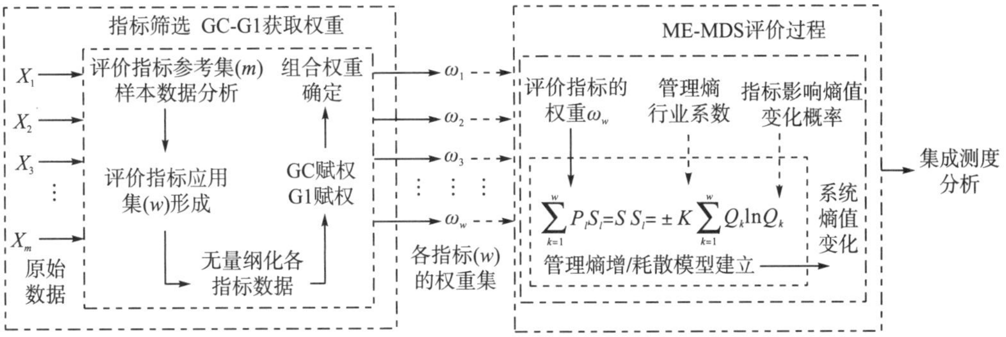

图 5.5　景区低碳化发展的测度过程

5.3　面向利益相关者的景区低碳化发展多角度验证性评判模式

5.3.1　多角度验证性评判模式的效用

从景区利益相关者视角出发，即从游客、员工及居民等多个角度，感知景区低碳化发展状况，对其做出评判。该研究结果可对基于 ME 的低碳化景区多维度、多尺度测度结果进行一定程度上的验证，同时也为景区低碳化建设及其长远发展提供更具针对性的对策建议建立了更为广阔的信息采集平台，并进一步提升各群体对低碳生态旅游的认知度，使其为景区寻求发展与保护兼顾的方式，构建低碳化景区而发挥积极作用。

5.3.2　基于问卷调研的游客体验景区低碳化发展的评判体系

在景区系统低碳化发展评价指标集的基础上，针对游客能够主观感知的方面，设计调研问卷，并考虑每位游客的个人基本信息，以语言集成算子，融合定性与定量方法，实现对问卷选项中模糊语言信息的量化运算，从而更准确地反映游客对景区低碳化建设的感知状况。

1. 问卷设计与调查统计

1)问卷设计

根据问卷的一般结构，关于游客低碳旅游体验的问卷主要包括引导语、主体、结束语。其中，主体内容涉及低碳旅游体验，主要包括游客低碳旅游意识、游客对景区开展低碳化建设状况的感知、游客个人基本信息等。问卷主体内容各部分的概要设计说明如下。

(1)个人基本信息部分设计说明。个人基本信息主要是体现被调查对象的个人情况，即背景信息，主要有性别、年龄、受教育程度、职业等。因每个人对问题的认识角度不同，本书在对问卷调研信息统计分析的基础上，尽可能地反映每位游客对低碳生态旅游的体验状况。

(2)游客低碳旅游意识部分设计说明。在低碳生态旅游相关研究的基础上，设计低碳生态旅游方面的问题，如游客对低碳旅游认知、提倡的程度，对认为更为低碳环保的交通工具、购票方式等的选择，以了解游客的低碳意识程度。

(3)游客感知景区低碳化建设状况部分设计说明。针对景区在低碳化建设过程中，生态环境保护、低碳旅游控制、管理建设保障等能被游客感知的方面，设计相关问题，如生态环境保护方面的森林植被保护、水质量、空气质量、景观保护等，低碳旅游控制方面的环保交通工具利用程度、低碳营销方式采用、垃圾收集与处理、低碳旅游组织控制、环保产品及设施使用等，管理建设保障方面的低碳管理服务、基础与服务设施建设、景区布局、信息化建设等，该部分能够反映景区系统低碳化发展评价指标集生态表征、低碳控制、建设保障三个维度所表达的内容。

2)问卷调查统计

在问卷设计环节中，根据所要研究的景区，需要对问卷进行测试，即小范围内的问卷调查，根据测试结果判别问卷能否较好地达到游客低碳旅游体验调查的目标，从而对不合理的问题或辨析不清的题目进行修正，继而形成正式问卷。

问卷调查可采用多种方式，如实地调研、网络调研等，在对问卷进行回收、整理的基础上，剔除无效问卷，对所要研究的特定问题进行专项统计分析，以求达到研究目标，体现景区低碳化建设状况。

2. 访谈对象选择

为进一步从利益相关者角度了解景区低碳化建设状况，除从游客角度探讨其低碳旅游感知度，分析其体验外，还从景区管理人员、景区当地居民的角度，以建设者、保护者的视角，分析包含旅游经济、社会发展等方面在内的景区低碳化建设进展。因此，在选取部分景区管理层及基层骨干员工作为访谈对象的基础上，将长期为景区服务的员工作为重点访谈对象，以更好地了解景区长期的发展态势，同时在景区中随机选择访谈居民，采用“一对一”的方式进行访谈，通过居民了解景区及周边社会发展状况。

3. 基于语言集成算子的游客低碳旅游体验评估

为更好地体现游客对景区低碳化建设状况的感知，即游客低碳旅游体验，可对问卷调查中的选项“非常好”“比较好”“一般”“比较不好”“非常不好”等模糊语言进行一一映射“5”“4”“3”“2”“1”，然后对数字信息进行定量化运算，从而得到问卷调查的分析结果。游客对调查问卷的填写即是对研究对象的语言评判，语言评价信息不仅可以通过转化为数字来进行统计分析，而且可以采用定性与定量相结合的方法，直接对语言信息进行运算，进而直接获得语言信息，这也就是语言算子的优势所在。同时，由于具有不同背景信息的评价主体——每位游客所表达的信息权威性、可靠性不同，故本书提出的基于语言集成算子的游客低碳旅游体验评估，结合游客的不同背景信息，赋予每位游客不同权重值，通过语言运算，对各评价指标语言评价信息进行集成，从而得到评判结论。

1)语言算子

假定评价语言集合为 $L=\{l_j \mid j=-t,-(t-1),\cdots,0,\cdots,t-1,t\}$，其中 $t\geqslant 1$，$t\in Z^+$，例如，当 $t=2$ 时，评价语言集合：

$$L=\{l_2=\text{非常好},\ l_1=\text{比较好},\ l_0=\text{一般},\ l_{-1}=\text{比较不好},\ l_{-2}=\text{非常不好}\}$$

一般的评价语言集合 $L=\{l_j \mid j=-t,-(t-1),\cdots,0,\cdots,t-1,t\}$，满足以下关系[159-161]：若 $i<j$，则 $l_i<l_j$；存在非算子，$\operatorname{neg}(l_i)=l_{-i}$；若 $i\leqslant j$，$\max\{l_i,l_j\}=l_j$，$\min\{l_i,l_j\}=l_i$。

由于 $L=\{l_j \mid j=-t,-(t-1),\cdots,0,\cdots,t-1,t\}$ 是一个离散的语言集，若在 L 上对语言信息进行集成就会造成信息丢失，为了避免集结过程中丢失信息，本书将离散的语言集 L 延拓到连续的语言集[162] $\bar{L}=\{\bar{l}_\alpha \mid -(t+1)<\alpha<(t+1),\alpha<R\}(t\in Z^+,\ t\geqslant 1)$ 上，其中 $\bar{l}_{-t}$ 表示非常不好，$\bar{l}_0$ 表示一般，$\bar{l}_t$ 表示非常好。Wu 和 Chen、Xu 定义的连续语言集 $\bar{L}$ 上的加法和数乘运算如下[163,164]。

对于任意的 $\bar{l}_\alpha$，$\bar{l}_\beta\in\bar{L}$，且 $\lambda\in[0,1]$，存在 $\bar{l}_\alpha\oplus\bar{l}_\beta=\bar{l}_{\alpha+\beta}$，$\lambda\bar{l}_\alpha=\bar{l}_{\lambda\alpha}$；显然，$\bar{L}$ 上定义的加法和数乘运算不满足完备性，并且 $\bar{L}$ 在定义的运算上不构成线性空间。为了使 $\bar{L}$ 完备，并在定义运算下构成线性空间，定义 $\bar{L}$ 上的运算如下。

定义 1：若 $\bar{L}$ 是一个连续语言集合，则对任意的 $l_\alpha\in\bar{L}$，可以通过 $\bar{L}$ 到 R 的一一映射：$g(\bar{l}_\alpha)=\tan\dfrac{\pi\alpha}{2t+2}$，$\bar{l}_\alpha\in\bar{L}$，得到 $\bar{L}$ 中的元素 $\bar{l}_\alpha$ 在 R 中的像。

推论 1：若 $\bar{L}$ 是一个连续语言集合，则对任意的 $x\in R$，可以通过 g 的逆映射：$g^{-1}(x)=\bar{l}_\alpha$，$\alpha=\dfrac{(2t+2)\arctan x}{\pi}$，得到 R 中的元素 x 在 $\bar{L}$ 中的原像。

通过定义 1 构造出了连续语言集 $\bar{L}$ 与 R 之间的一一映射关系。根据构造出的一一映射关系，定义 $\bar{L}$ 上的加法与数乘运算如下。

定义 2：对任意的 $\bar{l}_\alpha$，$\bar{l}_\beta\in\bar{L}$，且 $\lambda\in R$，有 $\bar{l}_\alpha\oplus\bar{l}_\beta=g^{-1}[g(\bar{l}_\alpha)+g(\bar{l}_\beta)]$，$\lambda\bar{l}_\alpha=g^{-1}[\lambda g(\bar{l}_\alpha)]$，构造 $(-t-1,t+1)\to R$ 上的一一映射：$f(x)=\tan\dfrac{\pi x}{2t+2}$。

性质 1：$\bar{L}$ 上的加法和数乘运算等价于 $\bar{l}_\alpha\oplus\bar{l}_\beta=\bar{l}_{f^{-1}[f(\alpha)+f(\beta)]}$；$\lambda\bar{l}_\alpha=\bar{l}_{f^{-1}[\lambda f(\alpha)]}$。

证明：根据定义 2，有

$$\bar{l}_\alpha \oplus \bar{l}_\beta = g^{-1}[g(\bar{l}_\alpha)+g(\bar{l}_\beta)] = g^{-1}[f(\alpha)+f(\beta)] = \bar{l}_{f^{-1}[f(\alpha)+f(\beta)]}$$

$$\lambda \bar{l}_\alpha = g^{-1}[\lambda g(\bar{l}_\alpha)] = g^{-1}[\lambda f(\alpha)] = \bar{l}_{f^{-1}[\lambda f(\alpha)]}$$

2)基于语言信息的指标离差权法

在语言信息环境中，指标权重的确定方法主要有基于优化模型的确定方法、基于专家评判的确定方法[165]。前者属于基于数据的客观评价方法，后者属于基于专家经验判断的主观评价方法。为避免前一类权重确定方法运算量大、操作复杂，后一类权重确定方法主观性强等不足，本书提出一种运算量小、计算方便的客观赋权方法——基于语言信息的离差权法。

语言信息的期望与方差的定义如下。

定义 3：若 $\bar{l}_\alpha = (\bar{l}_{\alpha_1}, \bar{l}_{\alpha_2}, \cdots, \bar{l}_{\alpha_m})^{\mathrm{T}}$ 是一组语言信息，则该组语言信息的期望与方差如下：$E(\bar{l}_\alpha) = \dfrac{1}{m}(\bar{l}_{\alpha_1} \oplus \bar{l}_{\alpha_2} \oplus \cdots \oplus \bar{l}_{\alpha_m})$；$D(\bar{l}_\alpha) = \dfrac{1}{m}\sum_{i=1}^{m}\{g(\bar{l}_{\alpha_i}) - g[E(\bar{l}_\alpha)]\}^2$，且标准差 $\sigma(\bar{l}_\alpha) = \sqrt{D(\bar{l}_\alpha)}$。

性质 2：语言信息组 $\bar{l}_\alpha = (\bar{l}_{\alpha_1}, \bar{l}_{\alpha_2}, \cdots, \bar{l}_{\alpha_m})^{\mathrm{T}}$ 的期望与方差等价于：$E(\bar{l}_\alpha) = \bar{l}_{\bar{\alpha}}$，$\bar{\alpha} = f^{-1}\left[\dfrac{1}{m}\sum_{i=1}^{m} f(\alpha_i)\right]$；$D(\bar{l}_\alpha) = \dfrac{1}{m}\sum_{i=1}^{m}\left[f(\alpha_i) - \dfrac{1}{m}\sum_{i=1}^{m} f(\alpha_i)\right]^2$。

证明：

$$E(\bar{l}_\alpha) = \frac{1}{m}(\bar{l}_{\alpha_1} \oplus \bar{l}_{\alpha_2} \oplus \cdots \oplus \bar{l}_{\alpha_m}) = \frac{1}{m}\bar{l}_{f^{-1}\left[\sum_{i=1}^{m} f(\alpha_i)\right]} = \bar{l}_{f^{-1}\left[\frac{1}{m}\sum_{i=1}^{m} f(\alpha_i)\right]}$$

$$D(\bar{l}_\alpha) = \frac{1}{m}\sum_{i=1}^{m}[g(\bar{l}_{\alpha_i}) - g(\bar{l}_{\bar{\alpha}})]^2 = \frac{1}{m}\sum_{i=1}^{m}[f(\alpha_i) - f(\bar{\alpha})]^2 = \frac{1}{m}\sum_{i=1}^{m}\left[f(\alpha_i) - \frac{1}{m}\sum_{i=1}^{m} f(\alpha_i)\right]^2$$

若语言信息组某些数据残缺，则可通过性质 3 对残缺数据进行补全。

性质 3：若 $\bar{l}_\alpha = (\bar{l}_{\alpha_1}, \cdots, \bar{l}_{\alpha_v}, *, \cdots, *, \bar{l}_{\alpha_{v+t+1}}, \cdots, \bar{l}_{\alpha_m})^{\mathrm{T}}$ 为一残缺语言信息组，则通过 $E(\bar{l}_\alpha) = \bar{l}_\beta$，且 $\beta = f^{-1}\left\{\dfrac{1}{m-t}\left[\sum_{i=1}^{v} f(\alpha_i) + \sum_{i=v+t+1}^{m} f(\alpha_i)\right]\right\}$，该残缺语言信息组被补全残缺语言信息，变为 $\bar{l}_{\alpha'} = (\bar{l}_{\alpha_1}, \cdots, \bar{l}_{\alpha_v}, \bar{l}_\beta, \cdots, \bar{l}_\beta, \bar{l}_{\alpha_{v+t+1}}, \cdots, \bar{l}_{\alpha_m})^{\mathrm{T}}$ 后，其期望仍保持不变，即 $E(\bar{l}_\alpha) = E(\bar{l}_{\alpha'})$。

证明：记 $E(\bar{l}_{\alpha'}) = \bar{l}_\gamma$，则 $\gamma = f^{-1}\left\{\dfrac{1}{m}\left[\sum_{i=1}^{v} f(\alpha_i) + t\,f(\beta) + \sum_{i=v+t}^{m} f(\alpha_i)\right]\right\}$。

因为 $\beta = f^{-1}\left\{\dfrac{1}{m-t}\left[\sum_{i=1}^{v} f(\alpha_i) + \sum_{i=v+t}^{m} f(\alpha_i)\right]\right\}$，则 $\sum_{i=1}^{v} f(\alpha_i) + \sum_{i=v+t}^{m} f(\alpha_i) = (m-t)f(\beta)$，

即 $\gamma = f^{-1}\left\{\dfrac{1}{m}[tf(\beta) + (m-t)f(\beta)]\right\} = f^{-1}\left[\dfrac{1}{m} mf(\beta)\right] = f^{-1}[f(\beta)] = \beta$，所以 $E(\bar{l}_\alpha) = E(\bar{l}_{\alpha'})$。

(1) 确定评价指标权重的离差法。假设 $U = \{u_1, u_2, \cdots, u_n\}$ 是评价指标的集合，$S = \{s_1, s_2, \cdots, s_m\}$ 是评价者的集合，每位评价者 s_i 对每个评价指标 u_j 做出语言评价，构成评价语言矩阵 $\bar{\boldsymbol{l}}_A = (\bar{l}_{a_{ij}})_{m \times n}$，见表 5.9。

表 5.9　评价语言矩阵

元素	u_1	u_2	$\cdots$	u_n
s_1	$\bar{l}_{a_{11}}$	$\bar{l}_{a_{12}}$	$\cdots$	$\bar{l}_{a_{1n}}$
s_2	$\bar{l}_{a_{21}}$	$\bar{l}_{a_{22}}$	$\cdots$	$\bar{l}_{a_{2n}}$
$\vdots$	$\vdots$	$\vdots$		$\vdots$
s_m	$\bar{l}_{a_{m1}}$	$\bar{l}_{a_{m2}}$	$\cdots$	$\bar{l}_{a_{mn}}$

其中，$\bar{l}_{a_{ij}}$ 在 L 中取值，表示评价者 s_i 对评价指标 u_j 的语言评价。本书通过语言变量的离差法来确定各指标 u_j 的权重 w_j。首先分别计算出各列语言信息的期望、方差、标准差如下：

$$E(\bar{l}_{a_{.j}})=\frac{1}{m}\sum_{i=1}^{m}\bar{l}_{a_{ij}} \quad (j=1,2,\cdots,n) \tag{5-35}$$

$$D(\bar{l}_{a_{.j}})=\frac{1}{m}\sum_{i=1}^{m}\left\{g(\bar{l}_{a_{ij}})-g\left[E(u_j)\right]\right\}^2 \quad (j=1,2,\cdots,n) \tag{5-36}$$

$$\sigma(\bar{l}_{a_{.j}})=\sqrt{D(\bar{l}_{a_{.j}})} \quad (j=1,2,\cdots,n) \tag{5-37}$$

方差以及标准差的大小反映了指标语言评价信息的集中程度，方差越小说明偏差越小，评价者给出的结论越集中。反之，方差越大说明偏差越大，评价者给出的结论越分散，证明对评价对象的争议性越大。据此，根据评价者对各指标评价的争议程度确定各指标的权重如下：

$$w_j=\frac{\sigma(\bar{l}_{a_{.j}})}{\sum_{j=1}^{n}\sigma(\bar{l}_{a_{.j}})} \quad (j=1,2,\cdots,n) \tag{5-38}$$

(2) 确定评价者可信度的离差法。在评价过程中，评价的主体可以是各领域的专家，如项目可行性评估，也可以是大众，如问卷调查。不论评价主体是专家还是大众，其专业背景、知识结构都具有多样性。对同一问题的评价，不同的评价主体其可信度是不同的。本部分从评价主体的性别、年龄、受教育程度、职业来确定评价主体的权重 w^k，假设性别的权重为 v_1，男性则为 v_{11}，女性则为 v_{12}；年龄的权重为 v_2，18 岁以下为 v_{21}，18～25 岁为 v_{22}，26～35 岁为 v_{23}，36～45 岁为 v_{24}，46～55 岁为 v_{25}，55 岁以上为 v_{26}；受教育程度的权重为 v_3；职业的权重为 v_4。则评价主体的权重为 w^k：

$$w^k=v_1\,v_2\,v_3\,v_4 \tag{5-39}$$

式中，v_1、v_2、v_3、v_4 可根据离差法来确定。以 v_1 为例，根据评价主体性别的不同，将所有的评价主体分为两类，两类评价主体的评价语言信息构成两个评价语言矩阵，分别见表 5.10、表 5.11。

表 5.10　男性评价主体的评价语言矩阵

元素	u_1	u_2	$\cdots$	u_n
s_{11}	$\bar{l}_{b_{11}}$	$\bar{l}_{b_{12}}$	$\cdots$	$\bar{l}_{b_{1n}}$
s_{12}	$\bar{l}_{b_{21}}$	$\bar{l}_{b_{22}}$	$\cdots$	$\bar{l}_{b_{2n}}$
$\vdots$	$\vdots$	$\vdots$	$\ddots$	$\vdots$
s_{1m}	$\bar{l}_{b_{m_1 1}}$	$\bar{l}_{b_{m_1 2}}$	$\cdots$	$\bar{l}_{b_{m_1 n}}$

表 5.11 女性评价主体的评价语言矩阵

元素	u_1	u_2	$\cdots$	u_n
s_{21}	$\bar{l}_{c_{11}}$	$\bar{l}_{c_{12}}$	$\cdots$	$\bar{l}_{c_{1n}}$
s_{22}	$\bar{l}_{c_{21}}$	$\bar{l}_{c_{22}}$	$\cdots$	$\bar{l}_{c_{2n}}$
$\vdots$	$\vdots$	$\vdots$	$\ddots$	$\vdots$
s_{2m}	$\bar{l}_{c_{m_2 1}}$	$\bar{l}_{c_{m_2 2}}$	$\cdots$	$\bar{l}_{c_{m_2 n}}$

根据性质 2，可以计算出表 5.10 中各列的方差、标准差如下：

$$D(\bar{l}_{b,j})=\frac{1}{m_1}\sum_{i=1}^{m_1}\left[f(b_{ij})-\frac{1}{m_1}\sum_{i=1}^{m_1}f(b_{ij})\right]^2 \quad (j=1,2,\cdots,n)$$

$$\sigma(\bar{l}_{b,j})=\sqrt{D(\bar{l}_{b,j})} \quad (j=1,2,\cdots,n)$$

将各列的标准差求和，则可得到男性评价主体语言评价信息的标准差：$\sigma(\text{male})=\sum_{j=1}^{n}\sigma(\bar{l}_{b,j}), j=1,2,\cdots,n$，同理，也可以推导出表 5.11 中所有女性评价主体语言评价信息的标准差为 $\sigma(\text{female})=\sum_{j=1}^{n}\sigma(\bar{l}_{c,j}), j=1,2,\cdots,n$，则男性的权重 v_{11} 和女性的权重 v_{12} 可以通过下式计算：

$$v_{11}=\frac{\sigma(\text{male})}{\sigma(\text{male})+\sigma(\text{female})} \tag{5-40}$$

$$v_{12}=\frac{\sigma(\text{female})}{\sigma(\text{male})+\sigma(\text{female})} \tag{5-41}$$

3）语言信息集成方法

基于定义 2 中语言信息的加法与数乘的运算，以及一一映射 f，定义语言算子的集成方法如下。

定义 4：若 $\{\bar{l}_{\beta_1},\bar{l}_{\beta_2},\cdots,\bar{l}_{\beta_n}\}$ 是待集成的语言信息组，$W=(w_1,w_2,w_3,\cdots,w_n)^{\mathrm{T}}$ 是各语言信息对应的权重，则称式（5-42）中集成语言信息的算子为语言加权算术平均算子：

$$\text{LWAA}(\bar{l}_{\beta_1},\bar{l}_{\beta_2},\cdots,\bar{l}_{\beta_n})=w_1\bar{l}_{\beta_1}\oplus w_2\bar{l}_{\beta_2}\oplus\cdots\oplus w_n\bar{l}_{\beta_n}=\bar{l}_{\beta} \tag{5-42}$$

$$\beta=f^{-1}\left[\sum_{j=1}^{n}w_j f(\beta_j)\right] \tag{5-43}$$

4）基于语言集成算子的评估流程

（1）整理调查问卷的数据，根据性质 3 填补残缺的数据。

（2）确定各评价主体的权重。根据式（5-39）确定具有不同个人信息（统计特征）的各评价主体的权重。

(3) 集成各评价指标对应的语言评价信息。根据各评价主体的权重，利用式(5-42)、式(5-43)对各评价指标语言评价信息进行集成。

(4) 确定各层评价指标的权重。根据式(5-38)用离差法确定各评价指标的权重。

(5) 对评价指标的评价语言信息进行集成。对一级评价指标下的各二级指标的语言信息进行集成，并根据该结果，对一级评价指标的语言信息再次集成，形成总集成测度结果。

(6) 根据总集成测度结果，对评价对象进行探讨分析。

5.3.3　基于访谈分析的员工与居民感知景区低碳化发展

根据访谈提纲，与景区员工、居民进行面对面交流。在与利益相关者进行访谈的基础上，结合景区实际，整理、总结、分析得出景区低碳化建设现状及发展态势，为后续基于 ME-MDS 的景区低碳化发展的集成测度与面向利益相关者的景区低碳化发展评判结果对比提供基础信息。

5.4　验证性分析

以 M^3ADL 评价模式，在对景区低碳化发展进行评价的基础上，阐述景区在经济效益、社会效益、生态效益方面的变化，从游客体验景区低碳化建设、员工反馈景区低碳化建设进展、居民感知景区低碳化建设等方面，体现景区系统的发展现状及趋势，一定程度上对基于 ME-MDS 的景区低碳化发展评价结果进行了验证。这种多方位的评估方式，利于发现和挖掘景区发展过程中深层次的问题，可为景区兼顾旅游经济发展与生态环境保护、低碳化发展路径采用及修正奠定基础。

5.5　案例分析——J 景区低碳化发展的系统测度

5.5.1　案例对象

J 景区在低碳生态旅游方面践行较早，具有很强的代表性与示范性。进入 21 世纪以来，其在发展自身经济的同时，致力于景区信息化、环境与生态保护等建设，这些都为开启景区的低碳时代奠定了基础。J 景区以打造低碳化景区为长远发展目标，努力实施高效益、低排放的运营方式，在完全实现低碳景区之前，其在低碳化建设过程中取得的进展对该目标结果的影响较为关键。由于本书主要研究常态化旅游发展下的景区低碳生态旅游成效，未考虑地震、新冠疫情等对景区的影响，因此选取 J 景区践行低碳化发展的初期阶段为主要研究时段，评估其系统在经济运行、社会发展、生态表征、低碳控制、建设保障方面的发展趋势，以呈现 J 景区在低碳化发展初期取得的进展与成效。

5.5.2 数据获取及预处理

1. 指标数据来源

J 景区践行低碳化发展初期阶段，涉及 2002～2012 年的数据，历时十余年，在实际获取中存在较大难度，故需要多途径拓宽指标数据获取渠道，丰富指标数据采集方式。结合 J 景区实际状况，按照景区低碳化发展评价指标参考集，各指标数据对应的获取方式见表 5.12。

表 5.12 J 景区低碳化发展评价指标数据来源

指标代码及名称		数据来源	指标代码及名称		数据来源
EO01	单位碳排放收益	据原始数据测算	DC04	垃圾无害化处理率	实地调研与访谈
EO02	管理成本贡献率	据原始数据测算	DC05	旅游产品环保包装使用率	专家咨询
EO03	游客增长率	据原始数据测算	DC06	清洁能源使用率	专家咨询
EO04	主营业务增长率	据原始数据测算	DC07	人均交通工具碳排放下降率	据原始数据测算
EO05	总资产报酬率	据原始数据测算	DC08	生态厕所使用率	专家咨询
SD01	居民低碳节能意识	专家咨询	DC09	生态节能设备使用率	专家咨询
SD02	居民人均收入增长率	实地调研与访谈	DC10	生态建筑材料使用率	专家咨询
SD03	居民平均文化程度	实地调研与访谈	DC11	污水集中处理率	实地调研与访谈
SD04	传统文化保存度	专家咨询	DC12	员工对低碳化发展的认知度	专家咨询
ER01	地表水质量水平	实地调研与观测	DC13	游客对低碳旅游的参与程度	专家咨询
ER02	空气质量水平	实地调研与观测	DC14	住宿能耗节约率	专家咨询
ER03	生物多样性水平	专家咨询	CG01	集成管理水平	专家咨询
ER04	植被覆盖率	据原始数据测算	CG02	旅游安全保障度	专家咨询
DC01	低碳营销方式采用率	专家咨询	CG03	设施建设水平	专家咨询
DC02	环保投入增长率	据原始数据测算	CG04	先进技术应用程度	专家咨询
DC03	环保餐饮用品使用率	专家咨询	CG05	研发投入增长率	据原始数据测算

2. 指标数据获取

指标数据获取：首先，在收集 J 景区部分指标对应原始数据的基础上，通过实地调研与访谈、观测等方式，采用前述指标定量化公式(5-6)～式(5-18)、式(5-20)、式(5-21)对 2002～2012 年各项指标进行测算。其次，运用专家咨询法对余下相关指标进行打分。为保证指标赋值的统一性与客观性，从 J 景区的科研处、居民管理办公室、保护处、数字信息中心、观光公司、规划建设处、计财处、营销处等管理部门中，邀请长期参与景区管理实践的管理人员以及长期参与或跟踪研究 J 景区系统的学者 12 名，形成专家组，以对 J 景区低碳化发展相关指标赋值(打分)。

例如，SD01 指标赋值，按照赋值依据参考及赋值(打分)要求，首先由对 2002～2012 年 J 景区系统比较熟悉的 12 位专家对该项指标打分，然后运用集中度、离散度、协调度计算公式，判断实际计算结果是否达到检验要求(离散度小于 0.6、协调度小于 0.2)，对不符合要求的指标赋值，需要结合实际情况，进行下一轮咨询，以保持指标赋值的真实性与统一性。以此类推，运用式(5-22)～式(5-24)，计算指标赋值的离散度、协调度达到一定检验要求，经过两轮咨询，各指标专家赋值的离散度保持在 0.60 以下，协调度达到 0.20 以下，基本符合数值统一性、客观性检验的要求。

5.5.3　评价指标应用集构建

根据 J 景区低碳化发展指标量化数据，构建景区低碳化发展评价指标应用集，即根据必要性检验、完整性检验对指标进行删减。通过 SPSS 软件，运用相关性分析，对各维度内指标间的相关系数及各指标间的相关系数进行必要性检验。考虑到指标数据多于样本数据的实际，设定当皮尔逊(Pearson)相关系数临界值为 0.9 时，表明指标间高度相关。

结合计算出的相关系数，对指标集进行精简，删减了经济运行维度内与游客增长率高度相关的主营业务增长率，社会发展维度内与其他维度内多个要素高度相关的传统文化保存度，生态表征维度内与空气质量水平、植被覆盖率高度相关的生物多样性水平，建设保障维度内与设施建设水平、先进技术应用程度高度相关的旅游安全保障度，低碳控制维度内相关系数大于 0.9 的环保餐饮用品使用率、旅游产品环保包装使用率、生态厕所使用率、生态建筑材料使用率、员工对低碳化发展的认知度、住宿能耗节约率。与此同时，按照完整性检验，比较全面系统地反映 J 景区低碳化发展态势，实现评价目标，故在专家咨询的基础上，保留了低碳控制维度内具有较高相关系数，且对 J 景区低碳化发展影响比较重要的低碳营销方式采用率、垃圾无害化处理率、清洁能源使用率、生态节能设备使用率、污水集中处理率、游客对低碳旅游的参与程度等指标。据此，汇总得到 J 景区低碳化发展评价指标应用集及数据，其描述统计分析见表 5.13。

表 5.13　J 景区低碳化发展相关指标各期数据的描述性统计

指标代码及指标		年份数	最小值	最大值	均值	标准差
JEO01	单位碳排放收益/(元/t)	11	587.5	19253.97	11444.62	6068.08
JEO02	管理成本贡献率/%	11	18.09	33.43	24.84	4.90
JEO03	游客增长率/%	11	−74.47	121.41	23.44	51.12
JEO04	总资产报酬率/%	11	0.55	14.65	8.68	4.77
JSD01	居民低碳节能意识	11	3.62	7.99	6.59	1.57
JSD02	居民人均收入增长率/%	11	−47.25	26.76	6.63	21.41
JSD03	居民平均文化程度	11	4.12	5.83	4.90	0.58
JER01	地表水质量水平	11	8.04	9.72	9.02	0.71
JER02	空气质量水平	11	8.94	9.75	9.43	0.25
JER03	植被覆盖率/%	11	84.06	85.53	85.12	0.53
JDC01	低碳营销方式采用率/%	11	5.46	8.60	7.18	1.09
JDC02	环保投入增长率/%	11	−11.64	24.75	8.21	10.67
JDC03	垃圾无害化处理率/%	11	85.40	99.20	93.92	5.48
JDC04	清洁能源使用率/%	11	3.69	5.98	5.07	0.80
JDC05	人均交通工具碳排放下降率/%	11	−13.03	14.08	2.80	9.00
JDC06	生态节能设备使用率/%	11	3.23	5.05	4.15	0.69
JDC07	污水集中处理率/%	11	86.30	99.00	93.45	4.79
JDC08	游客对低碳旅游的参与程度	11	3.93	7.4	6.36	1.21
JCG01	集成管理水平	11	3.97	8.71	6.78	1.54
JCG02	设施建设水平	11	5.97	8.73	6.88	1.04

续表

指标代码及指标		年份数	最小值	最大值	均值	标准差
JCG03	先进技术应用程度	11	5.76	8.86	7.00	1.14
JCG04	研发投入增长率/%	11	−20.95	50.00	9.56	25.37

5.5.4 评价指标平移无量纲化

基于管理熵的评价过程，要求指标数据须全部大于零，需要对不大于零的指标数据进行变换[166]，对出现极端值或负值的指标数据进行平移，公式如下：

$$t'_{ij}=a+\frac{t_{ij}-\min(t_{ij})}{\max(t_{ij})-\min(t_{ij})}b \qquad (i=1,2,\cdots,m;j=1,2,\cdots,n) \tag{5-44}$$

$$a=\frac{\sum_{i=1}^{n}t_{ij}}{\sqrt{\sum_{j=1}^{n}(t_{ij}=\overline{t}_{ij})^2}},b=\frac{1}{\sqrt{\sum_{j=1}^{n}(t_{ij}-\overline{t}_{ij})^2}} \tag{5-45}$$

式中，t_{ij} 表示第 i 个指标的第 j 年数据；$\max(t_{ij})$ 为第 i 个指标对应所有年份数据的最大值；$\min(t_{ij})$ 表示第 i 个指标对应所有年份数据的最小值；$\overline{t}_{ij}$ 表示第 i 个指标对应所有年份数据的均值；t'_{ij} 表示第 i 个指标第 j 年数据的平移值。

同时，灰色关联赋权需要对评价指标数据进行无量纲化处理，常用方法有初值法与均值法，本书采用初值法[167]，变量含义与式(5-44)相近。

对于正指标，如效益、利润等，计算公式为

$$T_{ij}=\frac{t_{ij}(n)}{\max t_{ij}(n)} \tag{5-46}$$

对于逆指标，如成本、费用等，计算公式为

$$T_{ij}=\frac{\min t_{ij}(n)}{t_{ij}(n)} \tag{5-47}$$

按照式(5-44)、式(5-45)对小于零或等于零的评价指标数据进行平移，根据式(5-25)、式(5-26)、式(5-44)、式(5-45)对指标数据进行无量纲化处理，得到重新调整后的数据。

5.5.5 评价指标权重确定

1. GC 赋值

对 J 景区低碳化发展评价指标进行无量纲化处理后，建立灰关联集，$X=\{x_0,x_1,\cdots,x_{22}\}$，$x_0=\{x_0(2002),x_0(2003),\cdots,x_0(2012)\}$为参考序列，参考序列上每个点取值分别为比较序列上对应点上的最大值，$x_i=\{x_i(2002),x_i(2003),\cdots,x_i(2012)\}$，$i=1,2,\cdots,22$。根据式(5-26)～式(5-28)，计算比较序列上各点与参考序列上各点的绝对差值 $\Delta_i(l)$、两极最大值 $\Delta_{\max}$、两极最小值 $\Delta_{\min}$。在此基础上，本书设定 $\xi=0.5$，运用式(5-25)，求得比较序列与参考序列上各指标的灰关联系数，即关联度，并将之归一化，结果见表 5.14。

表 5.14　比较序列与参考序列上各指标的灰关联系数及 GC 赋值

指标序号	$\gamma_{01}(l)$	$\gamma_{02}(l)$	$\gamma_{03}(l)$	$\gamma_{04}(l)$	$\gamma_{05}(l)$	$\gamma_{06}(l)$	$\gamma_{07}(l)$	$\gamma_{08}(l)$	$\gamma_{09}(l)$	$\gamma_{010}(l)$	$\gamma_{011}(l)$	γ_{0l}	GC 赋值
JEO01	0.3979	0.3333	0.4931	0.5415	0.6216	0.7100	0.3687	0.7152	0.7346	0.7534	1.0000	0.6063	0.0357
JEO02	0.5465	0.5137	0.5618	0.7210	0.7344	0.7487	0.5305	0.6290	0.6742	0.8137	1.0000	0.6794	0.0400
JEO03	0.7419	0.7192	0.8806	0.7455	0.7616	0.7511	0.6343	1.0000	0.7689	0.8646	0.7824	0.7864	0.0462
JEO04	0.6961	0.3394	1.0000	0.7093	0.7358	0.8059	0.3350	0.4383	0.4681	0.5445	0.6169	0.6081	0.0358
JSD01	0.4699	0.5108	0.5718	0.6851	0.8639	0.9022	0.7772	0.9371	1.0000	0.9532	0.9847	0.7869	0.0463
JSD02	0.7096	0.6986	0.6986	0.6728	1.0000	0.9941	0.4560	0.7709	0.8030	0.9595	0.9724	0.7941	0.0467
JSD03	0.6230	0.6342	0.6518	0.6849	0.7054	0.7730	0.7947	0.8225	0.8842	0.8954	1.0000	0.7699	0.0453
JER01	0.7825	0.7477	0.7722	0.7984	0.7372	0.9573	0.9711	0.9833	0.9874	0.9833	1.0000	0.8837	0.0520
JER02	0.8537	0.8874	0.9148	0.9096	0.9184	0.9366	0.9536	0.9732	0.9793	0.9895	1.0000	0.9378	0.0552
JER03	0.9658	0.9714	0.9792	0.9909	0.9933	0.9966	0.9981	0.9988	0.9993	0.9993	1.0000	0.9902	0.0582
JDC01	0.5704	0.6096	0.6356	0.6566	0.6973	0.7486	0.8273	0.8853	0.9329	0.9329	1.0000	0.7724	0.0454
JDC02	0.6316	0.9446	0.5425	0.6415	0.6481	0.7879	0.4799	1.0000	0.7507	0.6206	0.6510	0.6999	0.0412
JDC03	0.7770	0.7872	0.8057	0.8438	0.9110	0.9413	0.9717	0.9796	0.9897	1.0000	0.9959	0.9093	0.0535
JDC04	0.5587	0.6303	0.6501	0.6605	0.6775	0.8010	0.8708	0.9206	0.9571	0.9898	1.0000	0.7924	0.0466
JDC05	0.5165	0.5309	0.5533	1.0000	0.5616	0.3880	0.9695	0.8578	0.4762	0.9767	0.5231	0.6685	0.0393
JDC06	0.5736	0.5902	0.6108	0.6584	0.6747	0.7059	0.7268	0.8812	0.9608	0.9919	1.0000	0.7613	0.0448
JDC07	0.7907	0.7973	0.8000	0.8680	0.8972	0.9266	0.9505	0.9562	0.9600	0.9836	1.0000	0.9027	0.0531
JDC08	0.5083	0.5826	0.6231	0.6929	0.8271	0.8997	0.9324	0.9422	0.9890	0.9945	1.0000	0.8174	0.0481
JCG01	0.4711	0.4989	0.5673	0.6976	0.7117	0.7154	0.7154	0.7963	0.8259	0.9679	1.0000	0.7243	0.0426
JCG02	0.6053	0.6114	0.6123	0.6149	0.6167	0.6430	0.6726	0.7706	0.8198	0.9317	1.0000	0.7180	0.0422
JCG03	0.5808	0.5953	0.5961	0.5969	0.6613	0.6780	0.6552	0.7917	0.8283	0.9663	1.0000	0.7227	0.0425
JCG04	0.6241	0.9529	0.4986	0.5165	0.8780	0.6204	0.5085	1.0000	0.6062	0.6002	0.5961	0.6728	0.0396

2. G1 赋值

运用 G1 法给指标权重赋值，要求专家或决策者对 J 景区低碳化发展态势比较了解，且具有景区管理、低碳旅游等专业知识与实践，一般咨询对象为 15～20 人，本书选取相关领域专家及景区管理决策者 15 人开展指标赋权。

1) 一级指标权重赋值

15 位专家及景区管理决策者按照一定的评价准则，确定一级指标集 $J=\{J_1,J_2,\cdots,J_5\}=\{\text{JEO,JSD,JER,JDC,JCG}\}$ 的几种序关系，表 5.15 为序关系与一级指标集中两两相邻指标间的相对重要程度之比的咨询结果汇总。

表 5.15 一级指标两两相邻指标间的重要程度之比

专家代号	确定的序关系	相对重要程度之比			
		R_2	R_3	R_4	R_5
1	$J_4 \succ J_3 \succ J_1 \succ J_2 \succ J_5$	1.0	1.0	1.3	1.2
2	$J_4 \succ J_3 \succ J_1 \succ J_2 \succ J_5$	1.1	1.2	1.1	1.3
3	$J_4 \succ J_3 \succ J_1 \succ J_2 \succ J_5$	1.2	1.3	1.4	1.1
4	$J_4 \succ J_3 \succ J_1 \succ J_2 \succ J_5$	1.2	1.4	1.3	1.2
	序关系①	1.13	1.23	1.28	1.20
5	$J_4 \succ J_1 \succ J_3 \succ J_2 \succ J_5$	1.2	1.0	1.4	1.1
6	$J_4 \succ J_1 \succ J_3 \succ J_2 \succ J_5$	1.1	1.1	1.3	1.2
7	$J_4 \succ J_1 \succ J_3 \succ J_2 \succ J_5$	1.3	1.2	1.3	1.0
	序关系②	1.20	1.10	1.33	1.10
8	$J_3 \succ J_1 \succ J_4 \succ J_2 \succ J_5$	1.4	1.6	1.1	1.2
9	$J_3 \succ J_1 \succ J_4 \succ J_2 \succ J_5$	1.5	1.5	1.0	1.3
	序关系③	1.45	1.55	1.05	1.25
10	$J_1 \succ J_3 \succ J_4 \succ J_2 \succ J_5$	1.1	1.4	1.3	1.1
11	$J_1 \succ J_3 \succ J_4 \succ J_2 \succ J_5$	1.0	1.5	1.2	1.3
	序关系④	1.05	1.45	1.25	1.20
12	$J_4 \succ J_5 \succ J_3 \succ J_1 \succ J_2$	1.2	1.6	1.4	1.2
13	$J_4 \succ J_5 \succ J_3 \succ J_1 \succ J_2$	1.1	1.3	1.2	1.2
	序关系⑤	1.15	1.45	1.30	1.20
14	$J_3 \succ J_4 \succ J_5 \succ J_1 \succ J_2$	1.3	1.3	1.1	1.3
15	$J_3 \succ J_4 \succ J_5 \succ J_1 \succ J_2$	1.1	1.4	1.0	1.4
	序关系⑥	1.20	1.35	1.05	1.35

根据式(5-32)、式(5-33)计算一级指标 J_i 的权重赋值 $\chi_i(i=7,6,5,4,3,2,1)$，即按照 $J_4 \succ J_3 \succ J_1 \succ J_2 \succ J_5$——序关系①，权重赋值为

$$\chi_5 = \left(1+\sum_{m=2}^{5}\prod_{i=m}^{5} R_i\right)^{-1} = (1+1.13\times1.23\times1.28\times1.20+1.23\times1.28\times1.20+1.28\times1.20+1.20)^{-1}$$

$$= 7.760166^{-1} = 0.1289$$

$$\chi_4 = 0.1289\times1.20 = 0.1547$$

$$\chi_3 = 0.1547\times1.28 = 0.1980$$

$$\chi_2 = 0.1980\times1.23 = 0.2435$$

$$\chi_1 = 0.2435\times1.13 = 0.2752$$

其他序关系下的权重赋值计算以此类推，通过对一级指标在不同序关系下权重的加权计算，得到的一级指标权重赋值见表 5.16。

表 5.16　一级指标权重赋值

序关系	经济运行 J_1	社会发展 J_2	生态表征 J_3	低碳控制 J_4	建设保障 J_5
序关系①	0.1980	0.1547	0.2435	0.2752	0.1289
序关系②	0.2263	0.1547	0.2057	0.2715	0.1406
序关系③	0.2380	0.1463	0.3451	0.1536	0.1170
序关系④	0.2800	0.1471	0.2667	0.1839	0.1226
序关系⑤	0.1392	0.1160	0.1810	0.3018	0.2624
序关系⑥	0.1693	0.1254	0.2880	0.2400	0.1778
权重赋值	0.2085	0.1407	0.2550	0.2376	0.1582

2) 二级指标权重赋值

按照上述步骤，15 位专家及景区管理决策者对一级指标下对应的二级指标分别进行序关系假定及其两两间重要程度之比确定，从而得到二级指标权重赋值，并对一、二级指标权重赋值进行合成，即 G1 法赋值(表 5.17)。

表 5.17　二级指标权重 G1 法赋值

一级指标	一级指标权重赋值	二级指标	二级指标权重赋值	G1 赋值
经济运行	0.2085	单位碳排放收益	0.3277	0.0683
		管理成本贡献率	0.2292	0.0478
		游客增长率	0.2521	0.0526
		总资产报酬率	0.1910	0.0398
社会发展	0.1407	居民低碳节能意识	0.3216	0.0452
		居民人均收入增长率	0.3860	0.0543
		居民平均文化程度	0.2924	0.0411
生态表征	0.2550	地表水质量水平	0.3120	0.0796
		空气质量水平	0.3276	0.0836
		植被覆盖率	0.3604	0.0919

续表

一级指标	一级指标权重赋值	二级指标	二级指标权重赋值	G1 赋值
低碳控制	0.2376	低碳营销方式采用率	0.0966	0.0230
		环保投入增长率	0.1174	0.0279
		垃圾无害化处理率	0.1704	0.0405
		清洁能源使用率	0.1065	0.0253
		人均交通工具碳排放下降率	0.1409	0.0335
		生态节能设备使用率	0.1118	0.0266
		污水集中处理率	0.1550	0.0368
		游客对低碳旅游的参与程度	0.1014	0.0241
建设保障	0.1582	集成管理水平	0.2377	0.0376
		设施建设水平	0.2264	0.0358
		先进技术应用程度	0.2614	0.0414
		研发投入增长率	0.2745	0.0434

3. GC-G1 赋值

根据式(5-34)，对二级指标权重的灰关联赋值(GC 赋值)与 G1 赋值进行集成，权重赋值结果见表 5.18。

表 5.18 二级指标权重 GC-G1 赋值

一级指标	二级指标	GC 赋值	G1 赋值	GC-G1 赋值
经济运行	单位碳排放收益	0.0357	0.0683	0.0523
	管理成本贡献率	0.0400	0.0478	0.0410
	游客增长率	0.0462	0.0526	0.0522
	总资产报酬率	0.0358	0.0398	0.0306
社会发展	居民低碳节能意识	0.0463	0.0453	0.0450
	居民人均收入增长率	0.0467	0.0543	0.0545
	居民平均文化程度	0.0453	0.0412	0.0400
生态表征	地表水质量水平	0.0520	0.0796	0.0889
	空气质量水平	0.0552	0.0836	0.0990
	植被覆盖率	0.0582	0.0919	0.1150
低碳控制	低碳营销方式采用率	0.0454	0.0230	0.0224
	环保投入增长率	0.0412	0.0279	0.0247
	垃圾无害化处理率	0.0535	0.0405	0.0466
	清洁能源使用率	0.0466	0.0253	0.0253
	人均交通工具碳排放下降率	0.0393	0.0335	0.0283
	生态节能设备使用率	0.0448	0.0266	0.0256
	污水集中处理率	0.0531	0.0369	0.0420
	游客对低碳旅游的参与程度	0.0481	0.0241	0.0249
建设保障	集成管理水平	0.0426	0.0376	0.0344
	设施建设水平	0.0422	0.0358	0.0325
	先进技术应用程度	0.0425	0.0414	0.0378
	研发投入增长率	0.0396	0.0434	0.0369

5.5.6 评价结果计算与分析

遵循基于 ME-MDS 的景区低碳化发展评价过程，在数据整理分析与 GC-G1 组合对经济运行、社会发展、生态表征、低碳控制、建设保障等维度内各指标进行赋权的基础上，将各指标的权重纳入这五个维度的统计中，得到各维度值，维度值是指将单一维度中各指标值(以百分比或 0～1 表示)与其对应权重值乘积之和，在统一尺度下，比较清晰地体现各个子系统的逐年变化趋势。在此基础上，运用 ME-MDS 的景区低碳化发展测度模型，对景区评价指标应用集进行综合集成，集总景区系统的管理熵值变化趋势。

1. 经济运行维度值

在经济运行维度，主要受两大事件影响，维度值波动变化趋势大致分为两大阶段。受 2003 年“非典”的影响，游客量明显降低，景区收入下降，致使单位碳排放收益大幅度下滑，经济运行维度值下降至低点。在“非典”逐步得以控制的过程中，旅游市场开始回暖，2004 年景区游客量大幅度增加，2005 年游客量增加幅度缩小，在 2005 年的基础上，游客量保持稳步增长，延续至 2007 年，故在 2002～2007 年，除了 2003 年，2004～2007 年的维度值窄幅上升，总体趋向平稳，从统计数据来看，管理成本贡献率、总资产报酬率、单位碳排放收益在后期呈平稳增长态势，游客增长率有所起伏，总体趋向增幅缩小。

在“5·12”汶川地震的影响下，2008 年景区游客量降至 2002 年以来的最低点，在景区积极制定和实施旅游恢复发展规划的过程中，游客量在 2009 年大幅上升后逐渐增长，到 2011 年已超过震前水平，到 2012 年游客量达到历史最大值，在单位碳排放收益、管理成本贡献率、总资产报酬率稳步增长的共同作用下，维度值在 2010～2012 年稳步上升。

2. 社会发展维度值

在社会发展维度，以 2008 年为分界点，维度值在 2008 年前呈现一段时间内的连续增长，在 2008 年出现明显回落，而在 2008 年后又呈现出平稳增长的态势。在前一增长期内，即 2002～2007 年，维度值在 2002～2005 年出现小幅增长势头，2005～2007 年发展势头大幅上扬。在后一增长期内，即 2009～2012 年，维度值在居民人均收入增长率、居民平均文化程度等作用下，出现稳步上升态势。由于观测期内居民收入增长率变化较大，初期变化较小，经历了 2005 年、2008 年的低点，在观测期后期有较大增幅，居民人均文化程度、居民低碳节能意识发展态势大致呈小幅增长，趋于稳定。

3. 生态表征维度值

在生态表征维度，整体而言，维度值在观测期内表现出间断式上涨趋势，由于地表水质量水平相对有所下降，导致生态表征维度值在 2006 年未能保持平稳涨幅，故在 2006 年以前或是以后，维度值分别出现一定的连续增长，后一阶段的变化相比前一阶段态势更趋于平缓，生态表征维度值围绕 29%上下 1.0%～1.5%取值。空气质量、地表水质量控制逐渐趋于常态化，森林植被覆盖度在破坏与恢复的过程中趋于稳态，因此林地碳汇量与草地碳汇量处于比较稳定的范围内。这些共同为J景区系统趋向低碳化、有序发展发挥了积极作用。

4. 低碳控制维度值

在低碳控制维度，2002～2012年维度值呈现窄幅波动式增长态势，由于环保投入增长率变化较大，景区观光车辆碳排放量随着游客量增长出现上升，游客人均的车辆碳排放量随着控制力度的不同而出现波动，垃圾无害化与污水集中处理率逐年递增，清洁能源使用率、生态节能设备使用、游客对低碳旅游的参与程度等均呈平稳增长态势。这些因素的集成作用，造成低碳控制维度值在2002～2012年呈现出窄幅震荡。

2003年游客人数较少，导致车辆碳排放量减少，人均交通工具碳排放量下降，维度值增长；2004年环保投入与前期相比，投资额有所下调，维度值略有下降，2005年随着环保力度的加大，维度值出现2%的上升，而在2006～2007年，由于游客人数增加，碳排放控制力度不足以抵消交通工具碳排放量增多影响的势头，致使维度值略有下降；2008年游客人数急剧下滑，人均碳排放量下降率明显增长，维度值呈现上升，在2009年继续维持上升势头，而在2010～2012年，游客人数不断攀升，增幅明显，碳排放量随之增加。在景区积极探索低碳控制手段，注重交通工具的合理调度，在资源有效利用的基础上，维度值变化稍有起伏，总体变化较为稳定。

5. 建设保障维度值

与低碳控制维度相比，建设保障维度值呈现出更为明显的波动上升趋势，由于研发投入在观测期初变动较大，直接导致了建设保障相对效果时而增强，时而减弱；在观测期末科研方面投入较为稳定，使之呈较平稳的增长态，从2010年开始，维度值表现为缓慢增长，相对观测期初，建设保障效果显著。

6. 综合过程评价分析

按照J景区M^2DL评价过程，利用式(5-1)～式(5-5)，分别代入平移无量纲化后的22个指标2002～2012年对应的数据；由于从纵向角度分析J景区系统的相对变化不涉及与其他景区的比较，故此取管理熵系数为1；其中影响系统熵值变化的概率，本书在对影响系统熵值变化的各因素(指标)所对应的数据进行无量纲化的基础上，通过各系统在特定阶段下每项指标数据所占该系统数据的比例来测算；而影响因素的权重则通过不同子系统所占整体系统的权重来核算。通过对该景区系统各维度指标对应管理熵值的集成，得到景区系统管理熵值的集总变化趋势，管理熵值的变化趋势明确地反映了景区系统发展的态势，如图5.6所示。

依据图5.6，对景区系统相邻两年间的管理熵值做比较，由于管理熵增量为相邻两年间后一年的系统管理熵值减去前一年的系统管理熵值(表5.19)，发现在2003年与2008年系统向无序状态发展，管理熵值呈递增趋势，在2004年、2005年、2006年、2007年、2009年、2010年、2011年、2012年系统管理熵值大致呈递减变化，说明这些年景区系统在负熵流的作用下，在社会效益、经济效益、生态效益等方面相互作用、相互影响的机制下，趋向低碳化发展[168]。

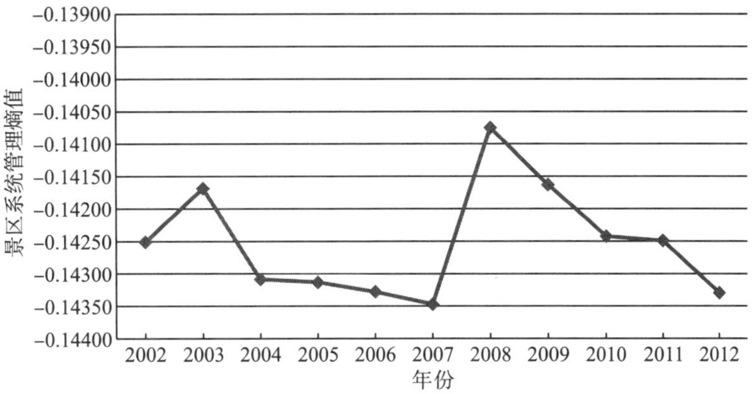

图 5.6 2002～2012 年景区系统管理熵值集总变化趋势

表 5.19 景区系统管理熵变化

管理熵	2002 年	2003 年	2004 年	2005 年	2006 年	2007 年
S_T	-0.14251	-0.14169	-0.14309	-0.14313	-0.14328	-0.14347
ΔS_T	—	0.00082	-0.00140	-0.00004	-0.00015	-0.00019
V	—	—	270.73%	97.14%	275.00%	26.67%
管理熵	2008 年	2009 年	2010 年	2011 年	2012 年	—
S_T	-0.14075	-0.14163	-0.14242	-0.14249	-0.14330	—
ΔS_T	0.00272	-0.00088	-0.00079	-0.00007	-0.00081	—
V	1531.58%	132.35%	10.23%	91.14%	1057.14%	—

对照表 5.8，参考基于 ME 的景区低碳化发展速度评级，2002～2004 年，管理熵值增量变化表明景区系统有序发展速度增至 6 级以上，2003～2005 年，管理熵值增量变化表明系统有序发展速度降至 5 级，2004～2006 年，管理熵值增量变化表明系统有序发展速度增至 6 级以上，2005～2007 年，管理熵值增量变化表明系统有序发展速度降至 2 级，2006～2008 年，管理熵值增量变化表明系统有序发展速度为 6 级以上，2007～2009 年，管理熵值增量变化表明系统有序发展速度为 6 级以上，2008～2010 年，管理熵值增量变化表明系统有序发展速度降至 1 级，2009～2011 年，管理熵值增量变化表明系统有序发展速度增至 5 级，2010～2012 年，管理熵值增量变化表明系统有序发展速度增至 6 级以上。这些均表明景区系统在低碳化发展过程中，已通过在各个方面的积极探索与努力，取得初步成效。虽然在此过程中，有着向无序发展的增量，但总体上，受更多向有序发展增量的影响，J 景区系统向低碳化方向发展，属于低碳化景区系统，在发展旅游经济的同时，不断保护环境，既通过保护促发展，又通过发展促保护，运用各种先进科学技术，提高集成管理水平，提高景区节能和环保水平，保持较高的植被覆盖度，使景区单位碳排放收益上升，在提高生态效益的同时，经济效益与社会效益也得以提升。

5.5.7 基于 MA 的 J 景区验证性评判

1. 游客体验景区低碳化发展的评判

1) 问卷设计及定稿

按照基于问卷调研的游客体验景区低碳化发展评判体系，在向专家咨询的基础上，初步设计 J 景区低碳旅游体验的问卷，并通过抽样调查的方式，使用该问卷对 J 景区部分游客进行小范围的测试，测试效果良好，基本反映了游客对 J 景区低碳化建设感知的相关内容，达到了问卷的可行性要求。为使问卷整体上保持简明，问题表述更简洁、易懂，对问卷做了一定的修改和完善。

2) 问卷统计分析

通过网上发放问卷及实地调研的方式，共发放问卷 500 份，回收问卷 462 份，回收率达 92.4%，剔除其中的无效问卷 30 份，最终回收有效问卷 432 份，问卷有效回收率达 93.5%，研究样本基本情况见表 5.20。

表 5.20 研究样本基本情况

统计特征		人数/人	比例/%
性别	男	218	50.5
	女	214	49.5
年龄	18 岁以下	1	0.2
	18～25 岁	162	37.5
	26～35 岁	217	50.2
	36～45 岁	45	10.4
	46～55 岁	5	1.2
	55 岁以上	2	0.5
受教育程度	初中及以下	1	0.2
	高中/职高	7	1.6
	大专	37	8.6
	本科	170	39.4
	研究生及以上	217	50.2
职业	公职人员(公务员或事业单位人员)	105	24.3
	企业人员	152	35.2
	个体及私营业主	16	3.7
	学生	123	28.5
	其他	36	8.3

在被调查游客中，有 94.9%的游客比较倾向践行低碳旅游或非常倾向践行低碳旅游，有 3.9%的游客持中立态度，有 1.2%的游客不太倾向践行低碳旅游。游客旅程中践行低碳旅游的方式如图 5.7 所示。其中“其他”方式包括步行体验、自行车旅游、资源循环使用等。约有 50%以上的游客认为火车是更为低碳的交通工具，其次是步行、电动车等方式；有 83.3%的游客认为相比较个人现场购票或集体现场购票，网上购票更为低碳环保。上述统计结果表明大多数游客具有较强的低碳旅游意愿，并且对低碳旅游具有一定的认知水平，但对低碳旅游的理解及对低碳旅游践行等方面有待进一步深入。

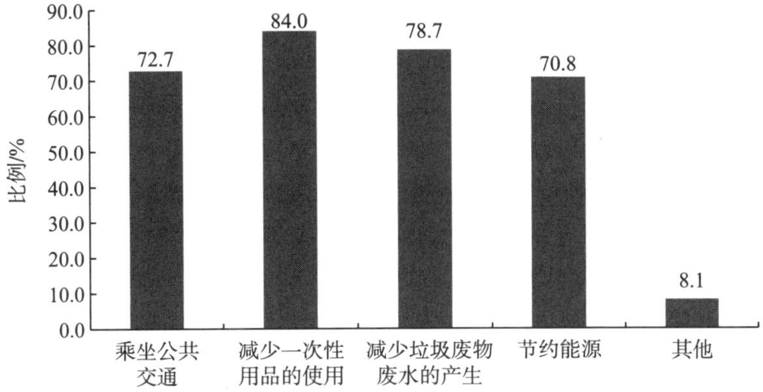

图 5.7　旅程中践行低碳旅游的方式

根据调研问卷统计结果，有 85%的游客在游览 J 景区时，相较于观光车游览，更倾向于徒步游览。如图 5.8 所示，有 60%以上的游客认为 J 景区的“低碳”体现在一次性用品减少、垃圾废物废水处理回收、清洁能源使用方面，有 53.2%的游客认为智能化、数字化建设也是“低碳”的体现，而对 J 景区节能产品使用，如环保厕所旁使用的太阳能采集板、气象与水文自动监测设备、电子大屏幕与路灯定时开关系统等节能产品的了解程度尚欠缺，对景区低碳化建设所采用的其他方式，如采用环保观光车、低碳环保的标识牌等注重程度不够，这也进一步要求景区加大低碳生态旅游的宣传力度。

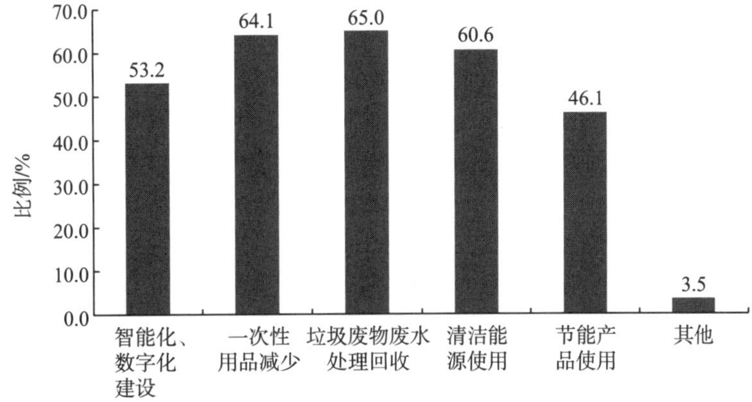

图 5.8　J 景区“低碳”的体现

有 59.5%的游客表示非常支持 J 景区发展与推广新能源(风能、太阳能等清洁能源)，有 29.4%的游客比较支持 J 景区发展与推广新能源；有 63.9%的游客认为 J 景区低碳化建设对自身旅游体验具有很大或一些正面影响；有 78.5%的游客因 J 景区低碳化建设而愿意再次前来体验；有 72%的游客认为 J 景区是低碳旅游的最佳旅游地之一。上述样本数据一定程度上说明了景区的低碳化建设为大多数游客带来了低碳旅游的体验，也推进了游客在游览过程中践行低碳旅游方式。

3) 基于 LWAA 的游客体验景区低碳化发展评估分析

游客体验景区低碳化发展，就是游客对景区低碳化建设成果感知的一个过程，如问卷设计说明所述，与特定景区——J 景区相结合，主要从管理建设保障、低碳旅游控制、生态环境保护等方面展开分析，各自所包含的简要内容见表 5.21。

表 5.21 游客体验景区低碳化发展评估要素集

层面	要素代码	内容
管理建设保障(C)	C1	低碳管理服务
	C2	基础与服务设施建设
	C3	景区布局
	C4	信息化建设
低碳旅游控制(D)	D1	观光车使用程度
	D2	低碳营销方式采用
	D3	垃圾控制与处理
	D4	低碳旅游组织控制
	D5	环保产品及设施采用
生态环境保护(E)	E1	森林植被保护
	E2	水质量
	E3	空气质量
	E4	景观保护

依照基于语言集成算子的评估流程，运用语言信息集成评价方法对 J 景区低碳化建设状况进行评估，具体如下。

(1) 根据问卷各选项的特点，利用语言变量表示被调查者对景区各个层面的评价结果，令 $t = 2$，语言变量的定义如下：$\bar{l}_2$ 表示“非常好”，$\bar{l}_1$ 表示“比较好”，$\bar{l}_0$ 表示“一般”，$\bar{l}_{-1}$ 表示“比较差”，$\bar{l}_{-2}$ 表示“非常差”。

(2) 根据式(5-39)计算各评价主体的权重。首先按照性别、年龄、受教育程度、职业等个人背景信息(统计特征)确定性别权重 v_1、年龄权重 v_2、受教育程度权重 v_3、职业权重 v_4。

以性别为例，根据被调查者性别的不同，将所有的调查问卷分成两类，再根据男性问卷中评价语言信息样本数据，计算指标 C1 评价语言的方差如下：

$$E(\mathrm{C1})=\frac{1}{218}\sum_{i=1}^{218}\bar{l}_{a_{i1}}$$
$$=\frac{1}{218}(\bar{l}_0\oplus\bar{l}_2\oplus\bar{l}_1\oplus\bar{l}_{-1}\oplus\bar{l}_2\oplus\bar{l}_1\oplus\bar{l}_{-1}\oplus\bar{l}_0\oplus\cdots$$
$$\oplus\bar{l}_0\oplus\bar{l}_1\oplus\bar{l}_2\oplus\bar{l}_1\oplus\bar{l}_1\oplus\bar{l}_1\oplus\bar{l}_1\oplus\bar{l}_0\oplus\bar{l}_0\oplus\bar{l}_{-1})$$
$$=\bar{l}_{0.5191}$$
$$D(\mathrm{C1})=\frac{1}{218}\sum_{i=1}^{218}[g(\bar{l}_{a_{i1}})-g(\bar{l}_{0.5191})]^2$$
$$=\frac{1}{218}\{[g(\bar{l}_0)-g(\bar{l}_{0.5191})]^2+[g(\bar{l}_2)-g(\bar{l}_{0.5191})]^2+[g(\bar{l}_1)-g(\bar{l}_{0.5191})]^2+[g(\bar{l}_{-1})$$
$$-g(\bar{l}_{0.5191})]^2+[g(\bar{l}_2)-g(\bar{l}_{0.5191})]^2+[g(\bar{l}_1)-g(\bar{l}_{0.5191})]^2+[g(\bar{l}_{-1})-g(\bar{l}_{0.5191})]^2$$
$$+[g(\bar{l}_0)-g(\bar{l}_{0.5191})]^2+\cdots+[g(\bar{l}_0)-g(\bar{l}_{0.5191})]^2+[g(\bar{l}_1)-g(\bar{l}_{0.5191})]^2+[g(\bar{l}_2)$$
$$-g(\bar{l}_{0.5191})]^2+[g(\bar{l}_1)-g(\bar{l}_{0.5191})]^2+[g(\bar{l}_1)-g(\bar{l}_{0.5191})]^2+[g(\bar{l}_1)-g(\bar{l}_{0.5191})]^2$$
$$+[g(\bar{l}_1)-g(\bar{l}_{0.5191})]^2+[g(\bar{l}_0)-g(\bar{l}_{0.5191})]^2+[g(\bar{l}_0)-g(\bar{l}_{0.5191})]^2+[g(\bar{l}_{-1})$$
$$-g(\bar{l}_{0.5191})]^2\}$$
$$=0.6327$$
$$\sigma(\mathrm{C1})=\sqrt{D(\mathrm{C1})}=\sqrt{0.6327}=0.7954$$

同理，可计算出其余评估要素的标准差分别为 $\sigma(\mathrm{C2})=0.7121$，$\sigma(\mathrm{C3})=0.6143$，$\sigma(\mathrm{C4})=0.6329$，$\sigma(\mathrm{D1})=0.6486$，$\sigma(\mathrm{D2})=0.5526$，$\sigma(\mathrm{D3})=0.5910$，$\sigma(\mathrm{D4})=0.5432$，$\sigma(\mathrm{D5})=0.5542$，$\sigma(\mathrm{E1})=0.6168$，$\sigma(\mathrm{E2})=0.6663$，$\sigma(\mathrm{E3})=0.6288$，$\sigma(\mathrm{E4})=0.5944$。

则男性评价主体对各层面的评价语言标准差之和为

$$\sigma(\text{male})=\sigma(\mathrm{C1})+\sigma(\mathrm{C2})+\sigma(\mathrm{C3})+\sigma(\mathrm{C4})+\sigma(\mathrm{D1})+\sigma(\mathrm{D2})+\sigma(\mathrm{D3})+\sigma(\mathrm{D4})+\sigma(\mathrm{D5})$$
$$+\sigma(\mathrm{E1})+\sigma(\mathrm{E2})+\sigma(\mathrm{E3})+\sigma(\mathrm{E4})=8.1506$$

运用同样的方法，计算女性问卷样本数据：

$$\sigma(\text{female})=\sigma(\mathrm{C1})+\sigma(\mathrm{C2})+\sigma(\mathrm{C3})+\sigma(\mathrm{C4})+\sigma(\mathrm{D1})+\sigma(\mathrm{D2})+\sigma(\mathrm{D3})+\sigma(\mathrm{D4})+\sigma(\mathrm{D5})$$
$$+\sigma(\mathrm{E1})+\sigma(\mathrm{E2})+\sigma(\mathrm{E3})+\sigma(\mathrm{E4})=9.1587$$

根据式(5-40)、式(5-41)，可分别确定男性和女性评价主体的权重：

$$v_{11}=\frac{\sigma(\text{male})}{\sigma(\text{male})+\sigma(\text{female})}=0.4709；\quad v_{12}=\frac{\sigma(\text{female})}{\sigma(\text{male})+\sigma(\text{female})}=0.5291$$

同理，如上述计算方式，可分别计算出年龄权重 v_{2i}、受教育程度权重 v_{3j}、职业权重 v_{4k}，汇总出的基于个人背景信息(统计特征)的权重矩阵见表 5.22。

表 5.22　基于统计特征的权重矩阵

统计特征	权重分布					
v_{1h}（$h=1,2$）	0.4709	0.5291				
v_{2i}（$i=1,2,\cdots,6$）	0.0000	0.1633	0.1668	0.1685	0.1565	0.3449
v_{3j}（$j=1,2,\cdots,5$）	0.0000	0.2294	0.2733	0.2407	0.2565	
v_{4k}（$k=1,2,\cdots,5$）	0.1979	0.1930	0.2044	0.1879	0.2169	

根据评价主体所具有的个人背景信息，以评价主体 x（男性，18～25 岁，本科，学生）为例，计算其权重为

$$w^x = v_{11}v_{22}v_{34}v_{44} = 0.4709\times 0.1633\times 0.2407\times 0.1879 = 0.0035$$

同理，可以计算出所有评价主体的权重 $w^k(k=1,2,\cdots,432)$，并将其标准化后得到每位评价主体的权重。

(3)集成各评估要素对应的评价语言信息。根据各评价主体的权重 $w^k(k=1,2,\cdots,432)$、式(5-42)、式(5-43)分别对评估要素的评价信息进行集成。以 C1 为例，其集成语言评价信息为

$$\begin{aligned}\mathrm{LWAA(C1)} &= \frac{1}{218}\sum_{i=1}^{218} w^i \bar{l}_{a_{i1}} \\ &= \frac{1}{218}(w^1\bar{l}_0 \oplus w^2\bar{l}_2 \oplus w^3\bar{l}_1 \oplus w^4\bar{l}_{-1} \oplus w^5\bar{l}_2 \oplus w^6\bar{l}_1 \oplus w^7\bar{l}_{-1} \oplus w^8\bar{l}_0 \oplus \cdots \\ &\quad \oplus w^{423}\bar{l}_0 \oplus w^{424}\bar{l}_1 \oplus w^{425}\bar{l}_2 \oplus w^{426}\bar{l}_1 \oplus w^{427}\bar{l}_1 \oplus w^{428}\bar{l}_1 \oplus w^{429}\bar{l}_1 \\ &\quad \oplus w^{430}\bar{l}_0 \oplus w^{431}\bar{l}_0 \oplus w^{432}\bar{l}_{-1}) \\ &= \bar{l}_{0.9911}\end{aligned}$$

同理，得到各评估要素的集成语言评价信息，见表 5.23。

表 5.23 各评估要素的集成语言评价信息

评估要素	C1	C2	C3	C4	D1	D2	D3
集成语言评价信息	$\bar{l}_{0.9911}$	$\bar{l}_{1.4032}$	$\bar{l}_{1.0184}$	$\bar{l}_{1.0100}$	$\bar{l}_{0.8902}$	$\bar{l}_{0.9009}$	$\bar{l}_{1.0830}$
评估要素	D4	D5	E1	E2	E3	E4	—
集成语言评价信息	$\bar{l}_{1.0393}$	$\bar{l}_{1.0155}$	$\bar{l}_{1.2943}$	$\bar{l}_{1.3697}$	$\bar{l}_{1.5117}$	$\bar{l}_{1.2376}$	—

(4)确定各评估要素的权重，根据式(5-38)，运用离差法确定其权重。首先计算评估要素 C1 的期望、方差、标准差。

$$\begin{aligned}E(\mathrm{C1}) &= \frac{1}{432}\sum_{i=1}^{432}\bar{l}_{a_{i1}} \\ &= \frac{1}{432}(\bar{l}_0 \oplus \bar{l}_2 \oplus \bar{l}_1 \oplus \bar{l}_{-1} \oplus \bar{l}_2 \oplus \bar{l}_1 \oplus \bar{l}_{-1} \oplus \bar{l}_0 \oplus \cdots \\ &\quad \oplus \bar{l}_1 \oplus \bar{l}_0 \oplus \bar{l}_{-2} \oplus \bar{l}_2 \oplus \bar{l}_2 \oplus \bar{l}_{-1} \oplus \bar{l}_0 \oplus \bar{l}_0 \oplus \bar{l}_0 \oplus \bar{l}_{-1}) \\ &= \bar{l}_{0.5560}\end{aligned}$$

$$\begin{aligned}D(\mathrm{C1}) &= \frac{1}{432}\sum_{i=1}^{432}[g(\bar{l}_{a_{i1}}) - g(\bar{l}_{0.5560})]^2 \\ &= \frac{1}{432}\{[g(\bar{l}_0) - g(\bar{l}_{0.5560})]^2 + [g(\bar{l}_2) - g(\bar{l}_{0.5560})]^2 + [g(\bar{l}_1) - g(\bar{l}_{0.5560})]^2 + [g(\bar{l}_{-1}) - g(\bar{l}_{0.5560})]^2 \\ &\quad + [g(\bar{l}_2) - g(\bar{l}_{0.5560})]^2 + [g(\bar{l}_1) - g(\bar{l}_{0.5560})]^2 + [g(\bar{l}_{-1}) - g(\bar{l}_{0.5560})]^2 + [g(\bar{l}_0) - g(\bar{l}_{0.5560})]^2 + \cdots \\ &\quad + [g(\bar{l}_1) - g(\bar{l}_{0.5560})]^2 + [g(\bar{l}_0) - g(\bar{l}_{0.5560})]^2 + [g(\bar{l}_{-2}) - g(\bar{l}_{0.5560})]^2 + [g(\bar{l}_2) - g(\bar{l}_{0.5560})]^2\end{aligned}$$

$$+[g(\bar{l}_2)-g(\bar{l}_{0.5560})]^2+[g(\bar{l}_{-1})-g(\bar{l}_{0.5560})]^2+[g(\bar{l}_0)-g(\bar{l}_{0.5560})]^2+[g(\bar{l}_0)-g(\bar{l}_{0.5560})]^2$$
$$+[g(\bar{l}_0)-g(\bar{l}_{0.5560})]^2+[g(\bar{l}_{-1})-g(\bar{l}_{0.5560})]^2\}$$
$=0.6400$

$$\sigma(\text{C1})=\sqrt{D(\text{C1})}=\sqrt{0.6400}=0.8000$$

同理，可计算出其余评判要素的标准差分别为 $\sigma(\text{C2})=0.7603$，$\sigma(\text{C3})=0.6199$，$\sigma(\text{C4})=0.6437$，$\sigma(\text{D1})=0.7510$，$\sigma(\text{D2})=0.6181$，$\sigma(\text{D3})=0.6213$，$\sigma(\text{D4})=0.5709$，$\sigma(\text{D5})=0.6149$，$\sigma(\text{E1})=0.6689$，$\sigma(\text{E2})=0.7082$，$\sigma(\text{E3})=0.6537$，$\sigma(\text{E4})=0.6508$。

对上述数据进行标准化后，即可得到各评估要素的权重：

$$w(\text{C1})=\frac{\sigma(\text{C1})}{\sigma(\text{C1})+\cdots+\sigma(\text{C4})+\sigma(\text{D1})+\cdots+\sigma(\text{D5})+\sigma(\text{E1})+\cdots+\sigma(\text{E4})}=0.0921$$

同理，得到各评估要素的权重，见表 5.24。

表 5.24　各评估要素的权重

评估要素	权重 w	评估要素	权重 w
C1	0.0921	D4	0.0658
C2	0.0876	D5	0.0708
C3	0.0714	E1	0.0770
C4	0.0741	E2	0.0816
D1	0.0865	E3	0.0753
D2	0.0712	E4	0.0750
D3	0.0716	—	—

根据各评估要素的权重，即可得到基于游客体验的 J 景区管理建设保障、低碳旅游控制、生态环境保护等各层所占权重分别为

$$w(\text{C})=w(\text{C1})+w(\text{C2})+w(\text{C3})+w(\text{C4})=0.3252$$
$$w(\text{D})=w(\text{D1})+w(\text{D2})+\cdots+w(\text{D5})=0.3659$$
$$w(\text{E})=w(\text{E1})+w(\text{E2})+w(\text{E3})+w(\text{E4})=0.3089$$

其中，C1 的权重为 $w(\text{C1}|\text{C})=w(\text{C1})/w(\text{C})=0.2834$。以此类推，得到 C、C1、C2、C3、C4、D、D1、D2、D3、D4、D5、E、E1、E2、E3、E4 的权重，见表 5.25。

表 5.25　各层及评估要素的权重

层面	权重	评估要素	权重 $w(\|)$
C	0.3252	C1	0.2832
		C2	0.2694
		C3	0.2196
		C4	0.2279
D	0.3659	D1	0.2364
		D2	0.1946
		D3	0.1957
		D4	0.1798
		D5	0.1935

续表

层面	权重	评估要素	权重 w(|)
E	0.3089	E1	0.2493
		E2	0.2642
		E3	0.2438
		E4	0.2428

(5)集成基于语言集成算子的评价语言信息。根据表 5.23 中的集成语言评价信息、表 5.25 中各层及评估要素的权重，利用式(5-42)、式(5-43)，对基于评估要素权重的 C 层的语言信息进行集成：

$$\begin{aligned}\mathrm{LWAA(C)} &= w(\mathrm{C1}|\mathrm{C})\mathrm{LWAA(C1)} \oplus w(\mathrm{C2}|\mathrm{C})\mathrm{LWAA(C2)} \oplus w(\mathrm{C3}|\mathrm{C})\mathrm{LWAA(C3)} \\ &\quad \oplus w(\mathrm{C4}|\mathrm{C})\mathrm{LWAA(C4)} \\ &= 0.2832\bar{l}_{0.9911} \oplus 0.2694\bar{l}_{1.4032} \oplus 0.2196\bar{l}_{1.0184} \oplus 0.2279\bar{l}_{1.0100} = \bar{l}_{1.1421}\end{aligned}$$

同理，计算出 $\mathrm{LWAA(D)} = \bar{l}_{0.9829}$， $\mathrm{LWAA(E)} = \bar{l}_{1.3584}$，采用“自下而上”的集成方式，得到总的语言评价信息集成为

$$\begin{aligned}\mathrm{LWAA(CDE)} &= w(\mathrm{C})\mathrm{LWAA(C)} \oplus w(\mathrm{D})\mathrm{LWAA(D)} \oplus w(\mathrm{E})\mathrm{LWAA(E)} \\ &= 0.3252\bar{l}_{1.1421} \oplus 0.3659\bar{l}_{0.9829} \oplus 0.3089\bar{l}_{1.3584} = \bar{l}_{1.1595}\end{aligned}$$

(6)在对调查问卷进行分析整理的基础上，通过基于语言集成算子的游客体验景区低碳化发展评估分析，从游客的视角看，总体而言 J 景区低碳化建设处于比较好的阶段，在管理建设保障、生态环境保护方面的状况也比较好，但在低碳旅游控制方面还有较大的提升空间。

2. 员工与居民感知景区低碳化发展的访谈分析

在 J 景区管理局相关部门的支持下，根据访谈提纲，通过与保护处、科研处、规划建设处、营销处、计财处、数字信息中心、接待处、票务处、观光公司、酒店管理公司等部门各级员工的沟通，以及与当地居民的访谈，经整理、分析、总结得出一些结论。

(1) J 景区旅游经济发展势头良好，2002～2012 年游客量年均增长率达到 32.17%，由于 2008 年汶川地震的影响，当年游客量为 64.38 万人次，是自 2000 年以来的历史最低点，2011 年达到震前水平，2012 年游客量上升至 363 万人次。景区收益主要来源于门票收入，每年除了将门票总收入的 45%用于支持地区经济发展，还将部分收入用于维护自身正常运转，如建设、保护、科研、营销、管理等方面，在不断提升管理服务水平的同时，提高单位成本所带来的效益。

(2)按照保护式开发的模式，在“保景富民”政策下，以“政策上优惠”和“经济上倾斜”，认真处理保景和富民的关系，采取社区参与式，安排居民从事景区管理、保护、服务等工作，通过景区旅游服务的发展，不断推动景区居民的就业、入股餐饮等服务业。并根据实际进入景区的购票人数，按照每张门票提 7 元作为居民基本生活费和管理基金，逐步建立和完善居民社会保障。随着居民生活水平的上升，当地居民注重对教育的投入，提高自身文化程度。景区管理部门在促进当地居民物质文明建设的同时，采取倡导、引导、

疏导、指导等方式，使居民认识到景区生态环境保护的重要性，树立保护景区的紧迫感、危机感、责任感，不断宣传低碳生活、低碳旅游等，提倡低碳生态旅游，以提高居民低碳意识，为实现人景和谐共生奠定基础。

(3) 兼顾发展与保护。在开展低碳化建设、促进自身发展的过程中，景区在执行“景区内游、景区外住”政策的同时，组织实施退耕还林、天然林资源保护和自然保护区建设工程，恢复植被，护林防火，到 2012 年景区森林覆盖率和植被覆盖率已分别达到 63.6% 和 85.5%；空气质量、地表水环境质量分别达到《环境空气质量标准》(GB 3095—1996)、《地表水环境质量标准》(GB 3838—2002) 要求；加大投入进行低碳、环保、体验式、绿色和科学旅游的宣传，吸引游客参与低碳旅游活动；定期对员工进行低碳方面的培训，提高其对低碳化发展的认识；加大基础设施建设、科研投入，采用无线电、全球卫星定位系统、环境监测系统、防火网络、环保免水冲厕所等设备、节能设施与低碳技术，使用太阳能、风能等新能源，加大垃圾与污水处理力度，这些措施在一定程度上降低了碳排放对景区生态环境的影响。

(4) 景区在追求旅游经济的同时，践行低碳管理方式，景区低碳化建设初期取得了一定成效。J 景区内森林每天可以吸收 CO_2 42117.6t，释放 O_2 30745.46t。据文献记载，成人每天呼出 0.9kg CO_2，吸入 0.75kg O_2[169]，按此数据计算景区内森林每天可吸收 46797333 人呼出的 CO_2，供 40993946 人呼吸 O_2。

景区内 CO_2 的产生主要来源于游客、居民、工作人员的呼出与观光车的释放，当游客量较多时观光车在景区内排放的 CO_2 量为 14520kg/天(相当于 16133 位成人每天呼出的 CO_2 量)[170]。按照景区每天可处理 46797333 人呼出的 CO_2，从 CO_2 排放对生态环境保护影响角度看，J 景区开发空间较大，但立足长远，控制碳排放是景区兼顾长远发展与生态保护的必然选择。

3. 集成测度的验证性分析

在 M^3ADL 评价模式构架下，基于 ME 的 J 景区多维度、多尺度 (M^2DL) 评价结果与基于游客、员工、居民等在内的多角度 (MA) 体验和感知 J 景区低碳化发展状况的问卷评估分析和访谈分析结果比较吻合，集成测度结果及验证性分析如下。

(1) 在经济运行方面，根据员工访谈反馈结果与 J 景区系统 M^2DL 评价分析，发现景区旅游经济除受 2003 年“非典”、2008 年汶川地震两次突发事件的不利影响外，2002～2012 年保持着比较快速的增长，同时景区管理局注重提高资金使用效率，科学合理地配置各项资源，保持管理投入对景区收入相对稳定的贡献程度。另外，结合低碳经济时代背景，景区响应国家节能减排政策，对景区运营采取低碳控制，提高单位碳排放收益，促进景区经济绿色增长。

(2) 在社会发展方面，结合面向管理局员工与当地居民的访谈结果、M^2DL 评价分析，发现随着景区经济的发展，居民收入与门票收入紧密关联，即使在游客量经历了两次大幅度下滑后，景区管理局通过采用向居民提供基本生活费，促进他们在景区内就业等方式，使得居民收入总体上保持着比较稳定的上涨态势；在居民文化程度不断提高的同时，管理局对居民开展旅游专题培训，通过学习提高景区居民的综合素质，增强其责任感、低碳旅游服务水平、环保意识等。

(3) 在生态表征方面，综合基于 LWAA 的游客体验分析、面向员工与居民的访谈结果以及 M^2DL 评价分析，自 2001 年开始，景区逐渐加大对天然林资源的保护力度，实施退耕还林还草、恢复植被，提高植被覆盖率，提升森林碳汇，通过气象观测站、水文观测站的修建与观测，坚持对大气、水体、地质灾害和生态环境进行监测和分析，执行《环境空气质量标准》(GB 3095—1996/2012)、《地表水环境质量标准》(GB 3838—2002)，以提高水环境质量和空气质量，这些均为自然生态景观的保护奠定了良好基础。

(4) 在低碳控制方面，从基于 LWAA 的游客体验分析、面向员工与居民的访谈结果以及 M^2DL 评价分析来看，景区在控制碳排放强度方面，取得了一定成效，通过环保投入，逐步节能减排，转变能源结构，使用太阳能、风能等清洁能源，提高能源利用效率，使用环保产品及设施，提高垃圾无害化与污水集中处理率，提高景区观光车辆的利用效率，采用低碳营销方式，引导与组织游客参与低碳旅游活动，定期对员工进行低碳知识培训，为建成低碳旅游区奠定基础。

(5) 在建设保障方面，综合考虑各类分析结果，得出景区为兼顾旅游经济发展与环境保护，降低运营成本，提高集成管理、低碳管理服务水平，将栈道、公路、建筑等设计与低碳化建设紧密联系，结合景区中景点位置，合理建设游览及服务设施，以绿化边坡为基础，整治景区公路等基础设施，通过科研投入，推进景区信息化等先进技术平台的搭建，并服务于景区保护、开发、管理等实际需求，为走绿色、循环经济、低碳化建设之路，建成低碳景区提供保障。

5.6 本章小结

本章首先根据管理熵、管理耗散结构理论及旅游景区系统的运行机理，分析景区运营管理系统中流动形成的管理正或负熵流，详细地阐述了管理熵增与耗散评价模型。然后，从指标集的构建原理及步骤、因素集、景区低碳化发展评价指标的参考集和应用集方面，分析低碳化发展评价指标集，介绍了指标权重确定方法、景区低碳化发展的评级参考和评价过程。最后，从景区利益相关者视角出发，即从游客、员工及居民等多个角度，感知景区低碳化发展状况，对之做出评判，并以 J 景区为研究对象，根据 M^3ADL 评价模式，基于 ME，展开 J 景区 M^2DL 评价，结合相关数据分析，对已建立的景区低碳化发展指标参考集进行约简，建立 J 景区低碳化发展评价指标应用集，运用本书提出的 GC-G1 组合赋权，分别从经济运行、社会发展、生态表征、低碳控制、建设保障五个维度及整个系统综合过程评价，分析了 J 景区低碳化发展状况，并基于 MA，对 J 景区系统进行验证性评估，对比研究表明 J 景区系统趋向低碳化方向发展。

第 6 章　面向低碳生态旅游的自然风景区系统预测

系统动力学(SD)由美国麻省理工学院福雷斯特教授于 20 世纪 50 年代提出，1961 年其出版的专著《工业动力学》(*Industrial Dynamics*)推动了系统动力学的发展，之后在美国、日本、德国、波兰等国家被广泛应用。系统动力学从系统内部微观结构出发，构建系统结构框架，利用因果关系图、系统流图、方程等描述系统要素间的逻辑关系、数量关系，且借助计算机，搭建仿真平台进行仿真、调试与模拟分析。

本章通过系统动力学及其仿真软件 Vensim，从逻辑关系上，由定性到定量，反映多个子系统错综复杂的动态关系，分析景区系统中各子系统的发展态势，集中反映景区系统在一定时期内的低碳化发展状态。若处于低碳化转变过程中，表示景区系统践行绿色、低碳化建设之路，实施高效低耗措施，在运行效率、单位碳排放收益等方面产生积极影响；若背离低碳化发展，将在相应方面产生消极影响。通过仿真预测，对景区系统低碳化发展影响的关键因素进行参数调控，为景区制定低碳化发展举措提供决策参考。

6.1　景区低碳化发展仿真预测模型构建的目的

旅游景区通过自然生态风光吸引游客，刺激了旅游经济的蓬勃发展，为当地带来了更多就业岗位，促进了区域经济的发展，如不加以合理引导与干预，游客人数的增加必然导致景区生态环境的破坏加剧，而这背离了低碳经济背景下低能耗、低污染、低排放的经济增长模式，也阻碍了景区旅游经济的绿色发展，不利于“双碳”目标达成。

基于此，为更清晰地表明景区旅游经济发展与生态环境保护、社会发展之间相互促进、相互制约的复杂关系，本章运用系统动力学相关理论及建模技术，充分考虑本书所研究问题的特点及预期目标，探索景区系统中经济运行子系统、社会发展子系统、生态表征子系统、低碳控制子系统、建设保障子系统内各因素发展状况及相互之间的因果关系，进一步认识系统内部反馈结构；通过构建的 SD 模型，对景区系统低碳化发展状况进行预测分析，相关结果可为景区管理部门的决策者、管理者制定景区低碳化发展规划提供参考依据，从而利于景区立足长远，在生态环境保护的基础上，有序开发旅游资源，使景区经济、社会保持比较稳定的发展态势，实现经济效益、环境效益、社会效益的协调统一。

6.2 景区系统边界及结构分析

6.2.1 系统边界

系统边界的确定是针对所要研究问题的实质和建模目的，在对系统建模时，将所要考虑的因素列入其中，将其他因素排除在外的过程。根据建模目的和实际问题内涵的反馈机制划定系统边界，所以一旦研究问题及建模目标确定后，系统及其边界基本上也就确定了[171]。按照系统动力学观点，推动社会经济系统发展的根本动力和直接原因来自系统内部，系统任何特定动态行为都源于系统内部要素的相互作用，并假定外部因素不对系统的行为产生本质的影响，也不受系统内部因素的控制。系统边界规定了形成某种特定动态行为所应包含的最小数量的单元，只有明确了系统的界限，才能研究系统内部的结构问题，确定系统的内生变量与外生变量。内生变量是由系统内部反馈结构决定的变量，外生变量是由环境影响因素确定的变量。

界限以内为系统本身，而界限外则为与系统有关的环境。景区系统属于开放系统，其主要特点是系统与外在环境之间有能量、物质、信息的交换，但它与环境之间物质、能量和信息的交换并不会影响系统边界的界定。因此，在构建系统仿真模型时，必须假设其为一个封闭系统，不考虑系统与环境之间的相互作用，将注意力集中于系统内部各项关系的分析，等到系统内部的基本结构确认之后，再考虑环境对系统的影响，以及系统对环境的响应等关系[172]。本书的研究重点在于运用系统动力学，预测景区各子系统演变的过程和趋势，测试相关因素对景区发展的影响，进而针对景区低碳化发展，提出对策建议。

确定景区系统边界所应遵循的一般原则有目的原则、就简原则、有效原则，如图 6.1 所示。

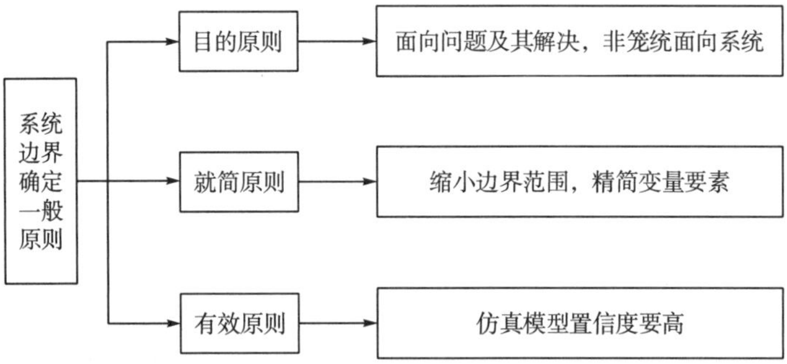

图 6.1 系统边界确定的一般原则

本章旨在分析旅游景区中经济、社会、生态环境之间的相互作用关系，根据前述分析，仿真系统主要囊括经济运行子系统、生态表征子系统、社会发展子系统、低碳控制子系统和建设保障子系统。这五个子系统之间相互联系、相互影响和相互制约，每个系统块既取决于其内部结构，又受到外部因素的影响。

6.2.2　系统结构

在前述景区系统层次结构的基础上，以系统建模理论与方法、系统边界确定思路为指导，本书研究的旅游景区低碳化发展系统主要包括经济运行、生态表征、社会发展、低碳控制、建设保障五个子系统。

(1) 经济运行子系统主要反映景区旅游经济效益，通过对游客量上涨、运营成本降低及低成本、高收益增长方式的寻求，为景区系统低碳化发展奠定物质基础，为各子系统的协同提供经济支撑。

(2) 生态表征子系统主要体现景区生态效益，涉及景区的自然风光、水景景观、森林植被、生物多样性水平、空气质量、地表水质量等方面，这些为景区绿色低碳化发展提供密切相关的要素。

(3) 社会发展子系统主要反映景区社会效益，主要针对景区系统正常运行过程中的居民的生活水平、教育状况、就业等方面，其发展对实现人、景和谐共生有决定性作用。

(4) 低碳控制子系统主要反映景区系统发展过程中的低碳化发展状况，包括对垃圾、污水、碳排放量等方面的处理与控制以及对环境保护的投入等。

(5) 建设保障子系统则体现对景区兼顾各效益，为景区游客接待、基础设施建设、生态保护、居民生活、碳排放控制等方面提供管理与技术的保障与服务。

这五个子系统中囊括的要素众多，通过对系统边界的描述，这五个子系统间的交互关系如图 6.2 所示。

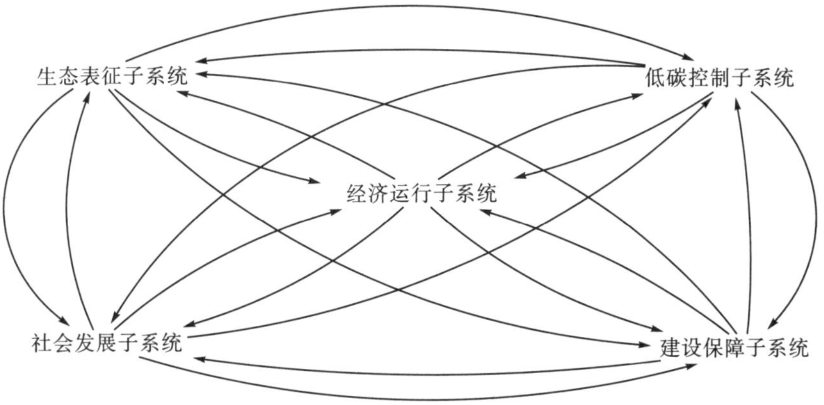

图 6.2　景区各子系统间的交互关系

6.3　系统仿真模型构建

6.3.1　景区低碳化发展的因果关系图

根据信息反馈系统理论，系统动力学中系统输出对系统输入产生影响的闭环反馈控制系统被称为信息反馈系统。在此系统中，通过对信息的控制，探讨系统中各部分的相互作用，可利用系统中相关要素对应的历史数据信息，建立控制系统或预测系统，呈现其发展方向。该系统分为正反馈系统和负反馈系统，前者的输出一直持续增长，而后者能在运行中不断地进行自我约束和调节[173]。不论是前者还是后者都含有信息反馈回路，它表达了系统中各要素之间的因果关系。由多个因果关系链组成的因果关系图是 SD 模型构建的基础，它可直观地展现系统内部各相关因素之间的复杂关系。因果关系的确定能对复杂系统的问题进行较为简单且系统化的表示，有助于对研究对象的认识与理解。

因果关系图由若干个反馈回路组成。因果关系回路的极性或正或负，它的确定方法是假定回路外影响回路的所有因素不变的情况下，当回路中负因果关系链的总数为偶数时，此回路为正因果关系回路；当负因果关系链的总数为奇数时，此回路为负因果关系回路。正因果关系回路能产生对自身具有加强其变化效果能力的作用，使原来的趋势得到强化，可形成良性循环或恶性循环。负因果关系回路能产生对自身具有抑制变量变化和进行自我调节的作用[174]。

基于系统建模理论、方法及对景区系统边界的划分，在描述系统中各子系统内在交互关系的基础上，进一步确定所研究的各子系统的内在结构，设计各子系统因果关系链，以解析其反馈结构。

1. 经济运行子系统

经济运行子系统中景区收入主要来源于游客，游客量的增长会引起景区收益的增长，从而推进在建工程实施，加强景区接待能力，为服务满意度(游客在游览过程中体验景区管理服务等的满意程度)提升奠定基础，良好的服务满意度将增加景区的吸引力，刺激潜在游客的需求，势必引起景区游客量上升，进一步促进景区门票收入、游览交通工具收入的增长。加大对宣传、基础设施、环保等方面的投入，在短期内对景区效益产生正负效应，并且当游客量增长时，需要支出更多的管理费用支撑景区日常运行，一定程度上会降低景区收益。

经济运行子系统的因果关系(图 6.3)如下。

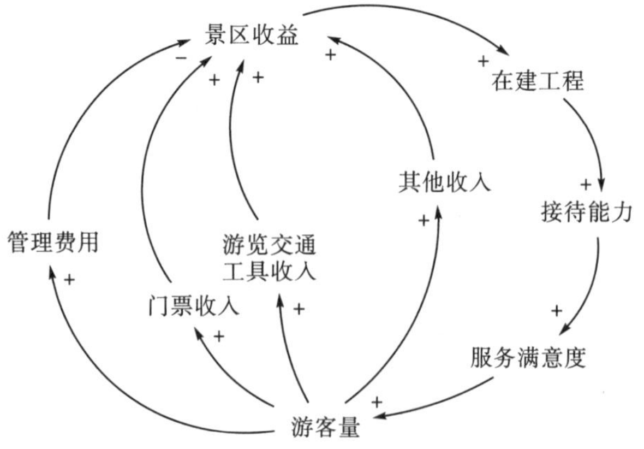

图 6.3 经济运行子系统因果关系链

注：“+”表示正效应，“−”表示负效应。

(1) 景区收益→在建工程→接待能力→服务满意度→游客量→门票收入→景区收益。

(2) 景区收益→在建工程→接待能力→服务满意度→游客量→游览交通工具收入→景区收益。

(3) 景区收益→在建工程→接待能力→服务满意度→游客量→其他收入→景区收益。

(4) 景区收益→在建工程→接待能力→服务满意度→游客量→管理费用→景区收益。

2. 生态表征子系统

生态表征子系统中空气质量水平、地表水质量水平、植被覆盖率的状况能够影响游客前往景区旅游的意愿，游客量的增加将带来二氧化碳、垃圾、污水的排放，直接对景区碳排放承载力、垃圾承载力、污水承载力等提出挑战，由于碳排放量、垃圾量、污水量的增加，景区的剩余碳排放承载力、剩余垃圾承载力、剩余污水承载力将会降低，容易导致景区的空气质量水平、地表水质量水平、植被覆盖率等下降，进而影响游客体验效果，阻碍游客量的上涨。

生态表征子系统的因果关系(图 6.4)如下。

(1) 空气质量水平→游客量→碳排放量→景区剩余碳排放承载力→空气质量水平。

(2) 空气质量水平→游客量→碳排放量→景区剩余碳排放承载力→植被覆盖率→空气质量水平。

(3) 地表水质量水平→游客量→污水量→景区剩余污水承载力→地表水质量水平。

(4) 地表水质量水平→游客量→污水量→景区剩余污水承载力→植被覆盖率→地表水质量水平。

(5) 植被覆盖率→游客量→碳排放量→景区剩余碳排放承载力→植被覆盖率。

(6) 植被覆盖率→游客量→垃圾量→景区剩余垃圾承载力→植被覆盖率。

(7) 植被覆盖率→游客量→污水量→景区剩余污水承载力→植被覆盖率。

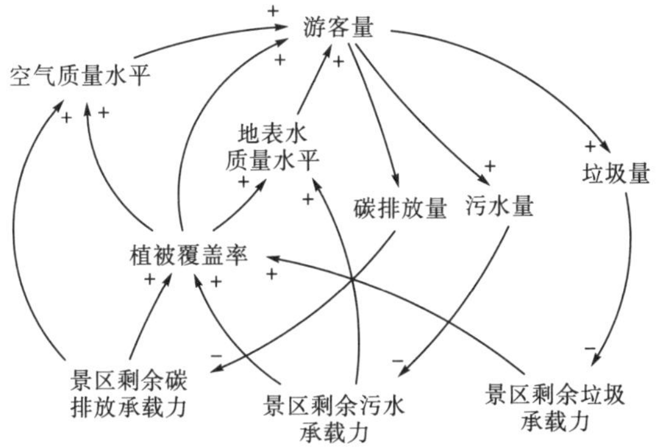

图 6.4 生态表征子系统因果关系链

注：“+”表示正效应，“-”表示负效应。

3. 社会发展子系统

社会发展子系统中景区居民生活水平上升、文化程度提高，促进吸纳当地各类人员就业的景区不断增强服务意识，对服务满意度提高起到正向作用，随之游客量出现增长态势，为景区收益增加提供先决条件，由于按照一定的分成比例，居民收入也会有所增长。

社会发展子系统的因果关系(图 6.5)如下。

(1)居民生活水平→服务意识→服务满意度→游客量→景区收益→居民收入→居民生活水平。

(2)居民文化程度→服务意识→服务满意度→游客量→景区收益→居民收入→居民文化程度。

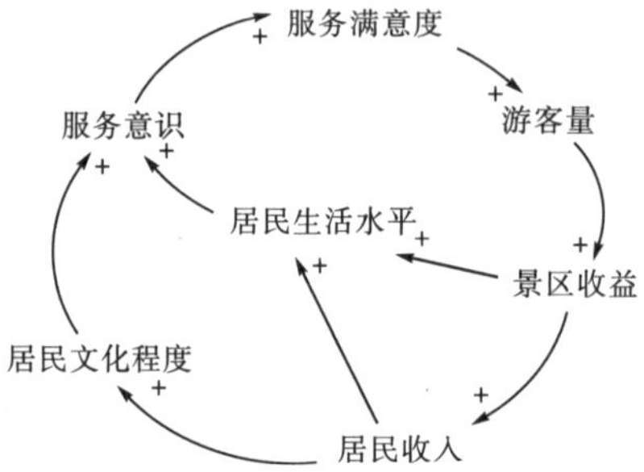

图 6.5 社会发展子系统因果关系链

注：“+”表示正效应，“-”表示负效应。

4. 低碳控制子系统

低碳控制子系统中垃圾量、污水量、碳排放量主要是随着游客量的变化而波动，它们的增加对景区生态环境产生的负面影响很大，其恶性循环极不利于低碳化景区系统生态效益、经济效益、社会效益的获取，与景区低碳化发展有悖，故需要将污染物控制在一定范围内。垃圾处理量、污水处理量的增加正向影响着污染处理费用，碳排放量增加导致植被吸收并储存二氧化碳量加大、植被保护投入增多，如此正向影响着环保投入，从而降低景区收益，对景区接待能力方面的投入有不利影响，超过一定限度后，导致服务满意度和游客量提高受到抑制。垃圾量、污水量、碳排放量的增加，对环境质量指数产生负向作用，使游客量增长受挫。

低碳控制子系统的因果关系(图 6.6)如下。

(1)垃圾量→垃圾处理量→污染处理费用→环保投入→景区收益→接待能力→服务满意度→游客量→垃圾量。

(2)垃圾量→垃圾处理量→污染处理费用→环境质量指数→游客量→垃圾量。

(3)污水量→污水处理量→污染处理费用→环保投入→景区收益→接待能力→服务满意度→游客量→污水量。

(4)污水量→污水处理量→污染处理费用→环境质量指数→游客量→污水量。

(5)碳排放量→碳排放处理量→环保投入→景区收益→接待能力→服务满意度→游客量→碳排放量。

(6)碳排放量→碳排放处理量→环保投入→环境质量指数→游客量→碳排放量。

(7)碳排放量→碳排放处理量→环保投入→游客量→碳排放量。

(8)碳排放量→碳排放处理量→环保投入→植被覆盖率→服务满意度→游客量→碳排放量。

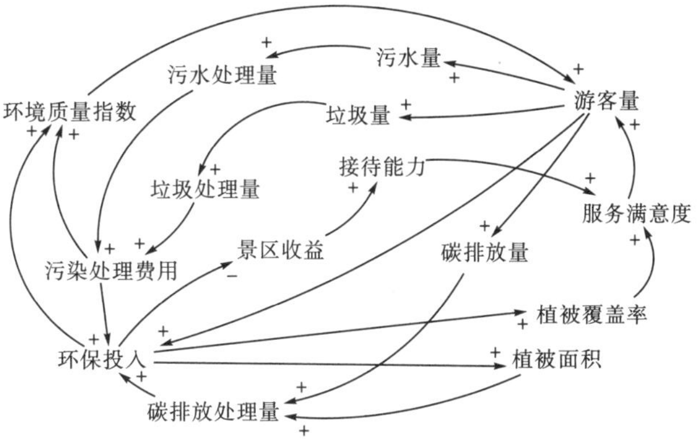

图 6.6　低碳控制子系统因果关系链

注：“+”表示正效应，“-”表示负效应。

5. 建设保障子系统

建设保障子系统中游客量增长，引发景区设施建设、信息化建设需求增加，促使景区加强设施投入、科研投入，进一步推进在建工程建设，强化游客接待能力，故景区旅游资源、土地资源等资源可利用量将有所降低，从而对设施建设起到一定的限制作用。当资源可利用程度超过一定范围时，将呈现明显的抑制作用，而且景区在提升信息化程度的同时，将提升景区集成管理水平及管理效率，降低管理费用，促进景区收益增加，提高科研投入、设施投入等，增强接待能力与信息化程度，进一步吸引游客。

建设保障子系统的因果关系(图 6.7)如下。

(1)设施投入→在建工程→接待能力→资源可利用量→设施投入。

(2)设施投入→在建工程→接待能力→游客量→设施建设需求→设施投入。

(3)设施投入→在建工程→接待能力→游客量→景区收益→设施投入。

(4)科研投入→信息化建设→管理效率→接待能力→游客量→景区收益→科研投入。

(5)科研投入→信息化建设→管理效率→景区收益→科研投入。

(6)信息化建设→管理效率→接待能力→游客量→景区收益→科研投入→信息化建设。

(7)信息化建设→管理效率→景区收益→科研投入→信息化建设。

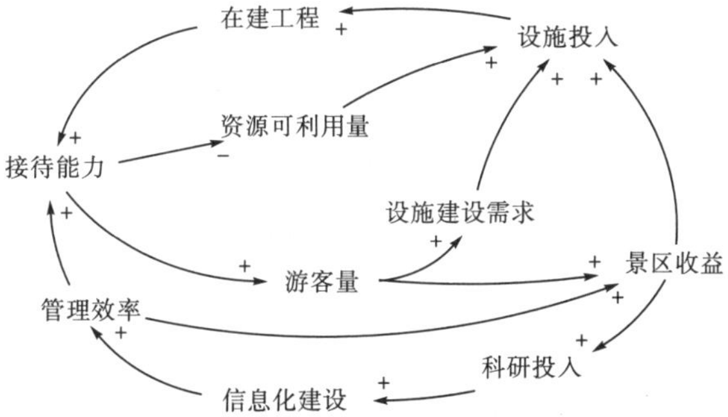

图 6.7　建设保障子系统因果关系链

注：“+”表示正效应，“-”表示负效应。

6.3.2　景区低碳化发展的流图及方程式

系统动力学流图的建立需要在对系统反馈分析的基础上，对变量与变量间的关系进行分析。系统动力学中的变量主要分为流位变量、流率变量、辅助变量和常量等，其内涵及符号见表 6.1。

表 6.1　系统动力学中变量的内涵及符号

变量名称	内涵	符号表示
流位变量	表示积累效应的变量，其现时值等于原始值加上改变量，且存在量的变化速度，又称为状态变量或积累变量	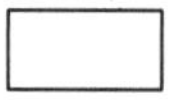
流率变量	表示流位变量积累效应变化快慢的变量，又可称为速率变量	
辅助变量	表示从信源到流率变量之间的中间变量	
常量	表示计算过程中不随时间变化的量	
源汇	表示源产生流位变量/汇能捕获来自流位变量的流量输出	

确定系统的变量，需要动态思考问题，并且根据每个变量的特性确定变量属性。对于变量之间的相互关系，则需要在客观规律的基础上，根据对问题的实际调查和分析给出。系统动力学模型中的参数估计也是非常重要的一个环节，有许多不同的方法，包括直接测量法、专家咨询法、调研访谈法、归纳分析法等。但由于系统动力学模型是基于系统结构，而不是统计相关性，所以对于系统要求的部分参数，在缺乏大量资料时可进行合理估计，但系统动力学认为这些难以量化的变量是重要的，应当对它们做大胆而合理的估计，然后融入模型，这样虽然使模型带有不精确性，但比之将它们排除在外的模型更实用和更接近实际系统。

根据系统结构、五个系统的因果反馈分析，可得到景区低碳化发展系统流图，如图 6.8 所示。结合所构建的因果关系图和系统流图所反映的变量间的逻辑关系及系统构造，编制系统动力学方程以显示其定量关系，此过程也是将系统模型结构转换成数学方程的过程，而最终的目的是能运用计算机进行仿真。

1. 经济运行子系统

游客量.*K*=游客量.*J*+游客变化量.*JK*，表示 *K* 时刻的游客量取决于前一 *J* 时刻的游客量和在 *JK* 间隔内的游客变化量，下同释义。游客变化量.*KL*=游客变化率.*KL*×游客量.*K*=游客增长率.*KL*×游客量.*K*，表示 *KL* 间隔内的游客变化量取决于 *KL* 间隔内的游客变化率，即游客增长率，以及 *K* 时刻的游客量，下同释义。游客增长率.*K*=环境影响系数.*K*×环境质量指数.*K*+满意度影响系数.*K*×服务满意度.*K*。景区收益.*K*=门票收入.*K*+交通工具收入.*K*+其他收入.*K*–管理费用.*K*–环保投入.*K*。管理成本贡献率.*K*=管理费用.*K*/景区收益.*K*。

2. 生态表征子系统

垃圾承载率.*K*=垃圾量.*K*/垃圾容量.*K*。地表水质量水平.*K*=1–污水承载率.*K*=1–污水量.*K*/污水容量.*K*。空气质量水平.*K*=1–碳排放承载率.*K*=1–碳排放量.*K*/碳容量.*K*。环境质量指数.*K*=[1/exp(垃圾承载率.*K*)+1/exp(污水承载率.*K*)+1/exp(碳排放承载率.*K*)]/3。

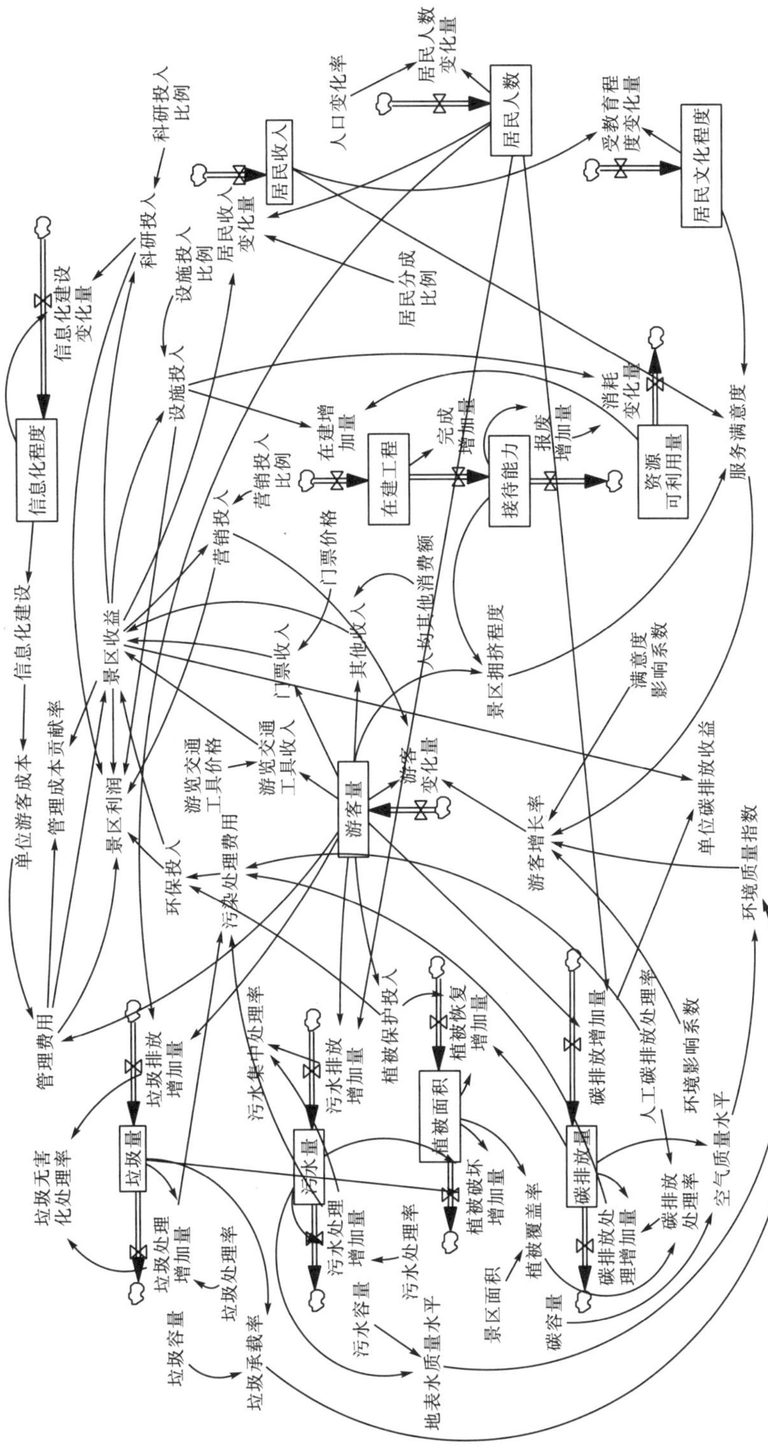

图6.8　景区低碳化发展系统流图

3 社会发展子系统

居民收入.K=居民收入.J+居民收入变化量.JK。居民收入变化量.K=景区收益.K/居民人数.K×分成比例.K。居民人口.K=居民人口.J+居民人口变化量.JK。居民文化程度.K=居民文化程度.J+受教育程度变化量.JK。

4. 低碳控制子系统

环保投入.K=污染处理费用.K+植被保护投入.K。垃圾无害处理率.K=垃圾处理量.K/垃圾排放量.K。污水集中处理率.K=污水处理量.K/污水排放量.K。植被保护投入.K=游客量.K×人均植被保护投入.K。垃圾量.K=垃圾量.J+垃圾排放量.JK–垃圾处理量.JK。垃圾排放量.KL=人均垃圾排放量.K×(游客量.K+居民人数.K)。垃圾处理量.KL=垃圾处理率.K×垃圾量.K。污水量.K=污水量.J+污水排放量.JK–污水处理量.JK。污水排放量.KL=人均污水排放量.K×(游客量.K+居民人数.K)。污水处理量.KL=污水处理率.K×污水量.K。碳排放量.K=碳排放量.J+碳排放量.JK–碳排放处理量.JK。碳排放量.KL=人均碳排放量.K×(游客量.K+居民人数.K)。碳排放处理量.KL=碳排放处理率.K×碳排放量.K。

5. 建设保障子系统

在建工程.K=在建工程.J+在建增加量.JK–完成增加量.JK。游客接待能力.K=游客接待能力.J+游客接待能力增加量.JK–游客接待能力减少量.JK=游客接待能力.J+完成增加量.JK–报废增加量.JK。景区拥挤程度.K=游客量.K/游客接待能力.K。资源可利用量.K=资源量可利用量.J–资源使用量.JK。信息化建设.K=信息化建设.J+信息化建设变化量.JK。

6.3.3 基于 Vensim 软件的仿真实现

本书使用的 Ventana Simulation Environment Personal Learning Edition（Vensim PLE）软件是由美国 Ventana Systems 公司开发的。该软件主要有以下特点。

（1）利用图示化编程建立模型。通过模型建立窗口（building）构建流图，再通过 Equation Editor 输入方程和参数，就可直接进行模拟。如果用户需要查看有关方程和参数，则可使用 Mode Document 工具条。

（2）运行于 Windows 下，数据共享性强，提供丰富的输出信息和灵活的输出方式。

（3）对模型可进行多种分析。模型运行后，可进行数据集分析。对指定变量，可给出它随时间的变化图，列出数据表；可列举作用于该变量的其他变量随时间变化的比较图；可对多次运行的结果进行比较，作为最终结果的图形分析和输出，可使用 Custom Graph，它不但可以列举多个变量随时间的变化图，而且可以列举变量之间的关系图。

6.3.4 系统过程趋势预测及调控分析

系统过程趋势预测是在景区低碳化发展系统动力学模型建立之后，运用 Vensim 软件实现对景区系统发展趋势的预测。预测的本质是在挖掘景区低碳化发展系统运行机制的基础上，在外界环境不发生变化的前提下，探索系统发展趋势状态。因此，基于系统动力学的系统过程趋势预测有如下特点。

(1) 预测周期长。系统过程趋势预测是为了挖掘系统的运行趋势，预测的周期只有在足够长的情况下才呈现其趋势，同时系统调控对系统运行的影响并不会立即呈现出来，这就是预测周期长的原因所在。

(2) 预测注重趋势。系统过程趋势预测的目的在于探索系统在给定条件下的运行状态，以便于在系统运行偏离目标前能及时采取措施，保证系统按照给定的目标方向运行。因此仿真预测的重点在于系统的发展趋势，只有掌握了系统的发展趋势，才能进行预测。相比之下，预测的具体数字并不重要。

(3) 预测可调控性。系统过程趋势预测是以认识景区低碳化发展系统运行机制为基础，模拟其运行机制而实现的，因此，在预测的过程中可通过改变系统的可调控性参数，如污水处理率等，预测不同环境下的系统运行趋势。

景区低碳化发展系统的运行结果是旅游经济发展、生态环境保护、景区社会发展之间相互促进、相互制约所导致的。旅游经济发展、生态环境保护、景区社会发展包含了经济运行、社会发展、生态表征、低碳控制、建设保障五个子系统，其中，生态表征子系统、低碳控制子系统和建设保障子系统在系统的演变过程中可能起阻滞作用。

(1) 在经济运行子系统中，游客量的增多，带来更多的门票收入、游览交通工具收入、其他收入，也使景区碳排放量、管理费用等上升，这些对景区发展具有双向作用，它们之间既相互促进又相互制约。

(2) 在社会发展子系统中，社会发展的状况会随着居民分成比例的增加而改善，随着景区收益的增加而改善，随着居民受教育程度的提升而改善，但居民分成比例过大使得其他投入变少，从而影响景区收益，最终降低社会发展的状况，而居民分成比例过小则直接影响社会发展状况，故这之间既相互促进又相互制约。

(3) 在生态表征子系统中，优美的生态环境与良好的空气质量、地表水质量、植被覆盖率、景观保护等是吸引游客的主要因素，而游客量增长是影响生态环境质量的主要因素，它们之间既相互促进又相互制约。

(4) 在低碳控制子系统中，垃圾量、污水量及碳排放量是影响景区系统低碳化发展的主要因素，更是低碳化景区系统关注的重点。日常管理工作中包含着对其的处理，在考虑对景区生态环境保护的情形下，处理水平越高，生态环境受影响程度越小，然而站在整个景区系统的角度考虑，处理水平过高，必然影响经济效益，最终限制对这几者处理费用的支出及环保投入，而处理水平过低则直接影响景区生态环境，破坏景区健康有序发展。

(5) 在建设保障子系统中，景区的基础与服务设施建设、信息化建设提升了景区的接待能力，为景区进一步发展提供了物质保障。在考虑对景区接待能力提供保障的情形下，景区设施建设、信息化建设投入越多，景区接待能力将相应提高，然而在这些方面投入过多，必然减少景区效益，弱化对其他方面的投入，同时，过度的开发必然影响景区的低碳化有序发展。设施建设不足，将导致景区接待能力不足，一定程度上限制景区有序发展。

在上述基础上，系统过程趋势及控制分析是通过景区低碳化发展的系统动力学仿真模型，结合系统发展过程趋势预测，对各个子系统和整个系统发展进行分析，并针对低碳控制的关键参数，对景区系统进行调控分析，从而为景区低碳化发展提出相应的对策建议。

6.4 案例分析——J 景区系统低碳化发展的仿真

6.4.1 案例对象

J 景区在践行低碳生态旅游方面取得的成效较为明显，本书侧重预测其常态化下低碳化发展趋势，因此未考虑对 J 景区发展影响明显且持续时间较长的重大地质灾害等因素，所用数据为 J 景区 2002～2012 年的数据，建构与验证系统模型，并没有将特殊时期纳入案例对象的研究时间范畴中。

6.4.2 J 景区 SD 模型参数估计及检验

在对 J 景区研究的基础上，通过文献研究、问卷调研、专家咨询、访谈及相关文件资料整理、归纳分析等方式，收集到不少景区相关数据信息，但由于景区系统涉及的要素较多，关系较为复杂，所以仍缺乏一定的素材，故本书对必要研究的变量及难以量化的变量进行合理的参数估计，为模型构建奠定基础，使仿真系统更逼近真实系统，并在检验通过后，对相关变量进行仿真分析及趋势预测，从而针对 J 景区低碳化发展的过程趋势，进行调控分析。

1. 参数估计

在 J 景区系统动力学模型中，主要包括游客量、生态环境、居民收入等方面的参数，这些参数主要通过 J 景区的相关数据信息资料估计得到，如游客量相关参数可以通过回归分析得到。

通过对景区系统边界的确定，根据系统流图及因果反馈关系，本书在对景区进行系统研究的过程中，剔除价格变化因素影响。在该系统动力学模型中影响游客增长率的有两大因素，分别是环境质量指数和服务满意度，如图 6.9 所示。环境质量指数主要受垃圾、污水及碳排放的影响，故其值可通过这三者的相关变量，如垃圾承载率、污水承载率、碳排放承载率等来计算。服务满意度主要受景区服务质量影响，而服务质量与景区服务提供者——工作人员(居民)收入及其文化程度及景区拥挤程度密切相关，因此居民收入及其文化程度、景区拥挤程度间接或直接影响着服务满意度。环境质量指数和服务满意度对游客增长率的影响程度不确定，本书通过回归分析，对环境质量指数和服务满意度影响系数进行估计。

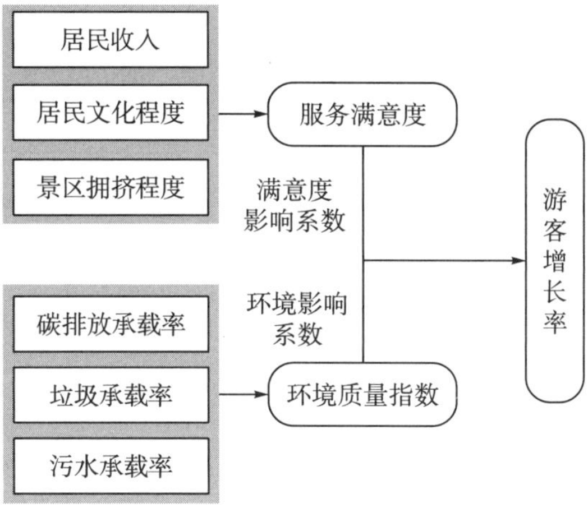

图 6.9　影响游客增长率的因素

1)获取相关数据

要估计环境影响系数和满意度影响系数，必须先获取游客增长率。前者可根据 J 景区的垃圾、污水及二氧化碳的人均碳排放量及其处理率，结合游客量数据计算得到垃圾承载率、污水承载率和碳排放承载率。后者可通过居民收入、居民文化程度、景区拥挤程度测得。

(1)游客增长率。受 2003 年“非典”及 2008 年“5·12”汶川地震的影响，J 景区游客量在这两个年份出现迅速下降，尤其在 2008 年，游客量下降 74.47%，在 2011 年 J 景区游客量达到震前水平，故为了排除“非典”“5·12”汶川地震等造成的影响，本书以前后两年的平均增长率作为中间年份的游客量增幅对游客量数据进行修正，经修正后，J 景区游客量的变化趋势如图 6.10 所示。

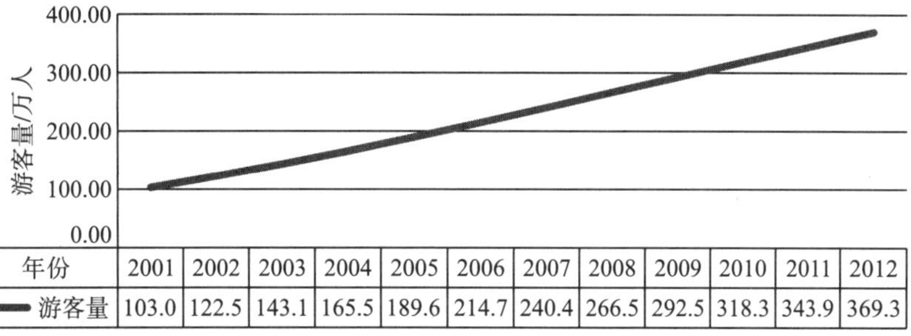

年份	2001	2002	2003	2004	2005	2006	2007	2008	2009	2010	2011	2012
游客量	103.0	122.5	143.1	165.5	189.6	214.7	240.4	266.5	292.5	318.3	343.9	369.3

图 6.10　2002～2012 年 J 景区游客量修正数据

游客增长率 r 可由第 i+1 年游客量 y_{i+1} 比第 i 年游客量 y_i 的增量与第 i+1 年和第 i 年的平均游客量的比值得出，因此 $r=\frac{\Delta y}{\overline{y}}$，其中 $\overline{y}=\left(y_i+y_{i+1}\right)/2$，$\Delta y=y_{i+1}-y_i(i=2001,2002,$

…,2011)。通过上述分析，利用历年的游客量计算相应的游客增长率，如表 6.2 所示。

表 6.2 游客增长率、环境质量指数与服务满意度

年份	游客增长率	环境质量指数	服务满意度
2002	0.17	0.84	0.81
2003	0.16	0.76	0.83
2004	0.15	0.73	0.84
2005	0.14	0.69	0.84
2006	0.12	0.66	0.84
2007	0.11	0.62	0.84
2008	0.10	0.59	0.84
2009	0.09	0.56	0.85
2010	0.08	0.53	0.85
2011	0.08	0.51	0.85
2012	0.07	0.49	0.86

(2) 环境质量指数。环境质量指数是衡量景区环境质量优劣的一个指数，主要通过垃圾、污水、二氧化碳排放量等反映。本书定义其函数表达式为 $a = f(k_1, k_2, k_3)$，取值范围为[0,1]，其中，a 表示环境质量指数；k_1 表示垃圾承载率；k_2 表示污水承载率；k_3 表示碳排放承载率。且必须满足如下特点。

①单调性。环境质量指数是通过垃圾、污水及二氧化碳排放量三个方面进行衡量，随着垃圾承载率、污水承载率及碳排放承载率的不断提高，环境质量指数值应不断降低。因此，必须满足 $\frac{\partial a}{\partial k_1} < 0$，$\frac{\partial a}{\partial k_2} < 0$，$\frac{\partial a}{\partial k_3} < 0$。

②有界性。环境质量指数取值范围有界，处于区间[0,1]内，有如下特点：$\lim\limits_{\substack{k_1 \to +\infty \\ k_2 \to +\infty \\ k_3 \to +\infty}} a = 0$，且 $\lim\limits_{\substack{k_1 \to 0 \\ k_2 \to 0 \\ k_3 \to 0}} a = 1$。前述两式分别表示当垃圾、污水及碳排放的承载率趋近于正无穷大时，环境质量指数趋近于 0；当垃圾、污水及碳排放的承载率趋近于 0 时，环境质量指数趋近于 1。

为了便于研究，本书选择函数 $x_1 = \frac{1}{3}\left(\frac{1}{e^{k_1}} + \frac{1}{e^{k_2}} + \frac{1}{e^{k_3}}\right)$ 作为环境质量指数的测量函数，其中，e 为自然常数。不难发现该函数满足上述两个特点。通过实地调研获得 k_1、k_2、k_3 等数据，并计算可得到 2002～2012 年 J 景区的环境质量指数(表 6.2)。

(3) 服务满意度。服务满意度是综合衡量游客在游览过程中体验景区管理服务的状况，影响该指标变化的因素主要有景区拥挤程度、服务质量等。而服务质量主要通过居民(工作人员或景区居民)收入情况、居民文化程度等变量来衡量。因此本书认为与环境质量指数相同，服务满意度也是一个主观变量，本书定义其函数表达式为$b=f(S_1,S_2,S_3)$，取值范围为[0,1]，其中，b 表示服务满意度；S_1 表示景区拥挤程度；S_2 表示居民收入；S_3 表示居民文化程度。且必须满足如下特点。

①单调性。服务满意度通过景区拥挤程度、居民收入及其文化程度三个方面状况来反映，随着景区拥挤程度的降低、居民收入及其文化程度的上升，服务满意度值应不断增大。因此，必须满足$\frac{\partial b}{\partial S_1}<0$，$\frac{\partial b}{\partial S_2}>0$，$\frac{\partial b}{\partial S_3}>0$。

②有界性。服务满意度取值范围是有界的，处于区间[0,1]内。有如下特点：$\lim\limits_{\substack{S_1\to 0\\ S_2\to +\infty\\ S_3\to +\infty}} b=1$，$\lim\limits_{\substack{S_1\to +\infty\\ S_2\to 0\\ S_3\to 0}} b=0$。前述两式分别表示当景区拥挤程度趋近于 0，当地居民收入水平及受教育情况趋近于正无穷大时，服务满意度趋近于 1；当景区拥挤程度趋近于正无穷大，当地居民收入水平及受教育程度趋近于 0 时，服务满意度趋近于 0。

为了便于研究，本书选择函数$x_2=\frac{1}{3}\left(\frac{1}{e^{S_1}}+\frac{1}{e^{1/S_2}}+\frac{1}{e^{1/S_3}}\right)$作为服务满意度的测量函数，不难发现该函数满足上述两个特点。通过实地调研获得 S_1、S_2、S_3 等数据，并计算可得到 2002～2012 年 J 景区的服务满意度(表 6.2)。

2）参数估计

以游客增长率为因变量，环境质量指数和服务满意度为自变量，运用 SPSS 软件进行回归分析，结果见表 6.3～表 6.5。

表 6.3　模型总体参数

模型	模型摘要			
	相关系数 R	R^2(拟合函数)	调整后的拟合函数	估计标准误差
模型 1	0.999[a]	0.998	0.998	0.00157

注：a. 预测变量：(常量)，$x2$，$x1$。

表 6.4　方差分析

模型		方差分析[b]				
		平方和	自由度	均方	F	Sig.
模型 1	回归	0.011	2	0.006	5.939	0.038[a]
	残差	0.000	8	0.000		
	总计	0.011	10			

注：a.预测变量：(常量)，$x2$，$x1$；b.因变量：y。

表 6.5 回归系数及显著性检验

模型		系数[a]				
		未标准化系数		标准化系数误差	t	Sig.
		B	标准误差			
模型 1	常量	−0.0292	0.087		−3.372	0.010
	x_1	0.240	0.095	0.092	2.520	0.036
	x_2	0.324	0.011	1.083	29.587	0.000

注：a.因变量：y。

从表 6.3～表 6.5 可以看出，R^2=0.998，且 F 值显著性水平 Sig.为 0.038(<0.05)，环境质量指数和服务满意度变量的 T 值显著性水平 Sig.分别为 0.036<0.05、0.000<0.05，说明该回归模型具有统计意义。因此，由表 6.5 可得环境影响系数和满意度影响系数。通过实地调研、查阅相关文献得到其他参数[170,175](表 6.6)。

表 6.6 景区低碳化发展系统仿真模型参数

参数名称	取值	单位	来源
环境影响系数	0.092	无量纲	数据分析
满意度影响系数	1.083	无量纲	数据分析
游客人均消费额	290	元	实地调研
居民分成比例	5%	无量纲	实地调研、文献查阅
研发投入比例	3%	无量纲	文献查阅
营销投入比例	10%	无量纲	文献查阅
设施投入比例	15%	无量纲	实地调研、文献查阅
人均垃圾排放量	1.112	kg	文献查阅
人均污水排放量	0.1	m^3	文献查阅
人均碳排放量	0.3	kg/d	实地调研、文献查阅
垃圾处理率	97%	无量纲	实地调研、文献查阅
污水处理率	99%	无量纲	实地调研、文献查阅
人工碳排放处理率	8%	无量纲	实地调研

注：人工碳排放处理率是指通过使用新能源、可再生能源等降低的碳排放量占未采用上述方式所产生碳排放量的比率。

2. SD 模型检验

为了检验 SD 模型的有效性，本书以 2002～2012 年 SD 模型五个子系统的游客量、单位碳排放收益、污水集中处理率、垃圾无害化处理率、居民人均收入、研发投入、环保投入等重要变量仿真值与实际值相比较，从而判断模型有效程度。

如图 6.11 所示，可看到游客量仿真值曲线与实际值曲线在观测中期偏差较大，这是受 2003 年“非典”2008 年汶川地震等强烈影响所致，2011 年游客量达到震前水平，故本书剔除 2003 年、2008 年、2009 年、2010 年的数据，计算得到平均相对误差为 11%。

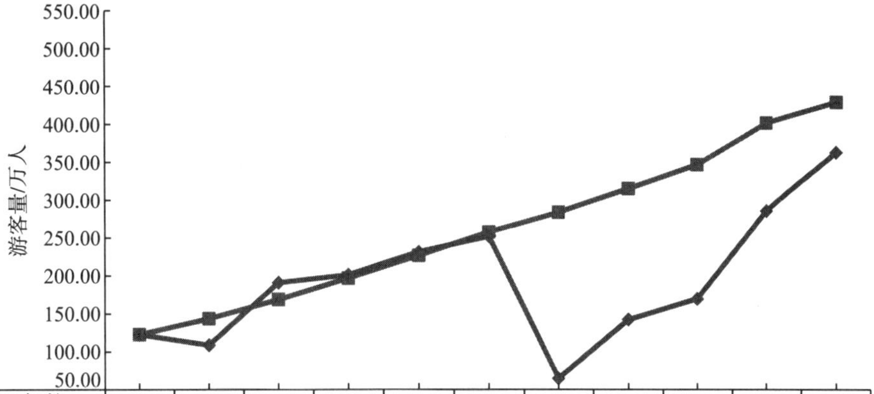

年份	2002	2003	2004	2005	2006	2007	2008	2009	2010	2011	2012
仿真值	123.00	144.00	169.00	197.00	227.00	258.00	284.15	315.37	346.86	401.78	429.17
实际值	122.90	109.03	191.16	201.47	231.72	252.18	64.69	142.54	170.03	286.13	363.00

图 6.11 游客量的仿真值与实际值

如图 6.12 所示，剔除受“非典”“5·12”汶川地震等影响的 2003 年、2008 年、2009 年、2010 年相关数据，可看到单位碳排放收益仿真值曲线与实际值曲线具有相同的趋势，计算得到平均相对误差为 6.9%。

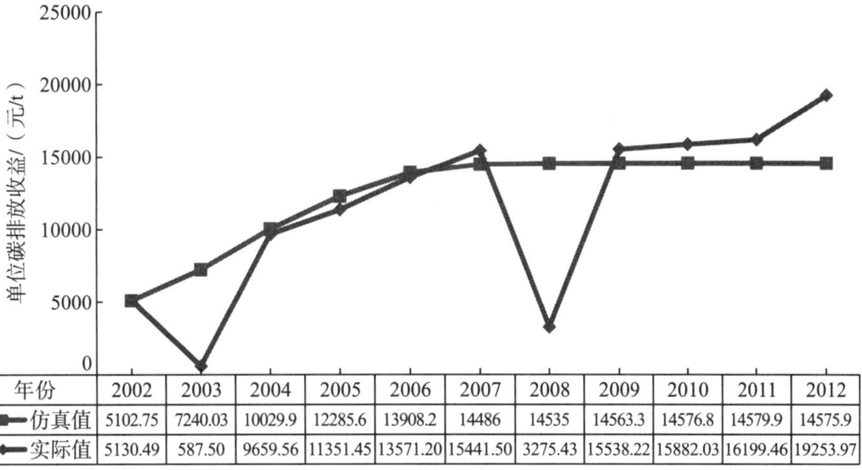

年份	2002	2003	2004	2005	2006	2007	2008	2009	2010	2011	2012
仿真值	5102.75	7240.03	10029.9	12285.6	13908.2	14486	14535	14563.3	14576.8	14579.9	14575.9
实际值	5130.49	587.50	9659.56	11351.45	13571.20	15441.50	3275.43	15538.22	15882.03	16199.46	19253.97

图 6.12 单位碳排放收益的仿真值与实际值

如图 6.13 所示，可看到污水集中处理率仿真值曲线与实际值曲线差距较小，计算得到平均相对误差为 2%。如图 6.14 所示，可看到垃圾无害化处理率仿真值曲线与实际值曲线差异较小，计算得到平均相对误差为 2.6%。

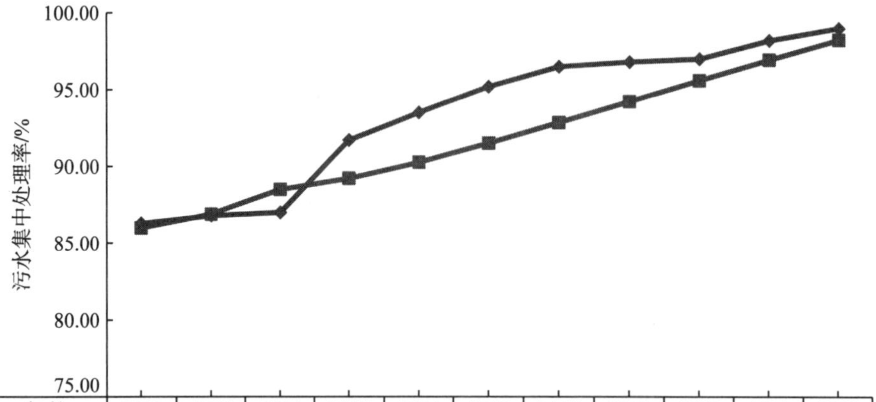

年份	2002	2003	2004	2005	2006	2007	2008	2009	2010	2011	2012
仿真值	86.00%	86.90%	88.50%	89.22%	90.26%	91.51%	92.85%	94.23%	95.60%	96.94%	98.24%
实际值	86.30%	86.80%	87.00%	91.70%	93.50%	95.20%	96.50%	96.80%	97.00%	98.20%	99.00%

图 6.13 污水集中处理率的仿真值与实际值

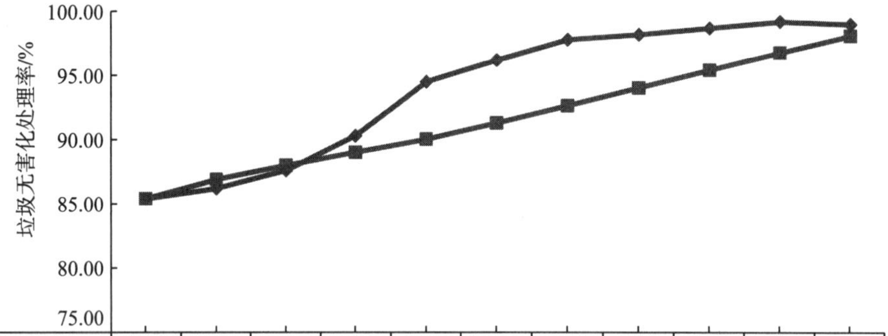

年份	2002	2003	2004	2005	2006	2007	2008	2009	2010	2011	2012
仿真值	85.40%	86.90%	88.00%	89.02%	90.04%	91.29%	92.65%	94.04%	95.42%	96.78%	98.10%
实际值	85.40%	86.20%	87.60%	90.30%	94.50%	96.20%	97.80%	98.20%	98.70%	99.20%	99.00%

图 6.14 垃圾无害化处理率的仿真值与实际值

剔除受“非典”“5·12”汶川地震影响的 2003 年、2008 年、2009 年、2010 年的数据，居民人均收入仿真值与实际值的平均相对误差为 10%；研发投入仿真值与实际值的平均相对误差为 8.6%；环保投入仿真值与实际值的平均相对误差为 8.1%。

综上所述，剔除受“非典”“5·12”汶川地震等影响的年份的数据，各主要变量仿真值与实际值的平均相对误差均未超过 11%，考虑到景区系统发展的特殊性和复杂性，这样的精度能够满足模型要求，而且在发展趋势上仿真与实际基本能够保持一致，反映了景区内经济、环境和社会等方面的运动机制，故模型是可靠的、有效的，能够用于 J 景区系统仿真与预测分析。

6.4.3　J 景区系统过程趋势预测与调控分析

1. 系统过程趋势预测

由于 J 景区 2017 年受重大地震影响而封闭，2019 年以来的新冠疫情引发 J 景区接待游客量大幅度下滑，难以剥离其对景区低碳生态旅游的影响，故未将 2017 年至当前时期纳入本书研究时段。根据前述 J 景区评价指标体系中的指标权重及仿真运行结果，可计算得到 J 景区在经济运行、社会发展、生态表征、低碳控制和建设保障等维度的发展趋势情况。

(1) 经济运行。该维度主要考察景区单位碳排放收益、管理成本贡献率、游客增长率等要素的集总作用，由于单位碳排放收益、管理成本贡献率不断提高，从 2013 年起该维度值一直在缓慢增加，单位碳排放收益与管理成本贡献率的增幅趋于平缓，而游客增长率下降带来的影响越来越明显，致使 2017 年之前该维度值缓慢增加。

(2) 社会发展。该维度主要考察景区居民收入、居民文化程度等方面对社会发展水平的集总体现，居民收入增长率大于零，居民生活水平在绝对量上呈现上涨趋势，但其增加势头越来越弱，随着居民收入增长率的下降，受教育程度增幅的降低，从 2013 年起该维度值一直呈小幅度递减，反映了 J 景区社会发展越来越缓慢。

(3) 生态表征。该维度主要考察植被覆盖率、空气质量水平、地表水质量水平等要素对自然环境、生态效益状况的影响，随着景区对生态环境保护力度的加强，地表水质量水平、空气质量水平的不断改善，其变化速率在不断减缓，同时由于景区占地面积限制及土地利用性质差异，植被覆盖率保持平稳状态。在这几者共同作用下，生态表征维度发展逐渐趋于稳定。

(4) 低碳控制。该维度揭示对景区系统实施的低碳控制状况，主要包括环保投入增长率、垃圾无害化处理率、污水集中处理率、人均碳排放下降率等要素，由于前期景区垃圾无害化处理率、污水集中处理率的提高，以及人均碳排放的控制，景区低碳控制力度在 2017 年之前略有上升，随着垃圾无害化处理率、污水集中处理率、人均碳排放下降率趋于平稳，而在环保投入增长率明显下降的影响下，低碳控制维度值的增长态势在 2017 年之前趋于平缓。

(5) 建设保障。该维度主要体现景区系统建设保障的情况，包括信息化建设等先进技术应用、基础与服务设施建设、研发投入增长率等要素。在 J 景区从数字景区向智慧景区转变过程中，初期景区比较侧重信息化建设、设施建设，对科研资金需求较高，而后期则侧重维护，研发投入增幅降低，因此在设施建设、信息化建设及研发投入增速逐渐下降的影响下，景区建设保障力度的增强势头减弱。

(6) 景区系统集总过程态势。在经济运行、社会发展、生态表征、低碳控制、建设保障等维度的复合作用下，景区系统集总维度值变化逐渐趋于平稳，从各维度内的主要因素来看，虽然其在绝对值上呈现缓慢上涨的态势，但其增长或加强的速度逐渐下降。这表明景区在低碳化建设过程中，在朝着低碳化发展方向演化，但演化速度逐渐降低。

2. 系统调控分析

调控分析是对可能影响景区低碳化发展的主要因素进行分析，探索不同策略下景区低碳化发展的趋势，其主要目标是将调控分析结果提供给景区管理者决策参考使用。主要方法是通过灵敏度分析，考察影响低碳化建设的垃圾处理能力、污水处理能力、人工碳排放处理能力等相关重要参数变化对景区系统发展趋势的影响。

1）垃圾处理能力调控

假定在其他变量不变，改变垃圾处理能力的情形下，考察垃圾处理率变化对经济运行、社会发展、生态表征、低碳控制、建设保障等维度变化趋势的影响。

(1)经济运行：在其他变量不变的情况下，随着垃圾处理率从 20%向 100%递增，经济运行维度表现平稳，其中当垃圾处理率达到 20%时，经济运行增长态势急剧下滑，而在其他状况下，经济运行维度值变化趋势基本保持一致。特别需要指出的是，在垃圾处理率增至 80%后，对经济运行维度值变化的影响不明显。

(2)社会发展：垃圾处理率由 20%向 100%变化时，社会发展维度值由小到大分布，且社会发展速度缓慢降低；当垃圾处理能力越高时，其社会发展维度值越高。需要指出的是，当垃圾处理率达到 80%后，其对社会发展的影响不明显。

(3)生态表征：在垃圾处理率从 20%向 100%变化时，随着垃圾处理能力的不断提升，生态表征维度值增长趋势越来越缓慢，维度值由小到大分布，随着垃圾处理能力的增强，对生态表征维度的影响逐步加大。

(4)低碳控制：垃圾处理率从 20%向 100%变化时，对低碳控制维度的控制力度越强，维度值变化由小到大。

(5)建设保障：随着垃圾处理率从 20%向 100%变化，维度值变化曲线表明垃圾处理能力越高，建设保障维度值越高，当垃圾处理率达到一定值后，维度值变化趋于平稳。

(6)景区系统集总过程态势：垃圾处理率从 20%向 100%变化时，由经济运行、社会发展、生态表征、低碳控制、建设保障等综合而成的系统集总维度值越来越高，达到一定值后逐渐趋于平稳。

2）污水处理能力调控

假定在其他变量不变，改变污水处理能力的情形下，考察污水处理率变化对经济运行、社会发展、生态表征、低碳控制、建设保障等维度变化趋势的影响。

污水处理率以 20%增长，从 20%上升至 100%，其变化对各维度值及其变化趋势的影响不同：①在经济运行维度，污水处理能力越高，经济运行维度值变化越平稳；②在社会发展维度，随着污水处理能力的增强，社会发展维度值逐渐上升，但其变化幅度逐步缩小；③在生态表征维度，随着污水处理能力的提升，生态表征维度值提升，均呈现出污水处理率越高，生态表征维度值也越高；④在低碳控制维度，受污水处理能力不断提升的影响，低碳控制维度值越来越高，且曲线变化越来越平稳；⑤在建设保障维度，污水处理能力越高，低碳控制维度值越高，当污水处理率高于 80%之后，低碳控制维度值曲线变化幅度逐渐变小；⑥在景区系统集总维度，通过上述各维度的综合体现，在污水处理能力不断提高的前提下，系统集总维度值逐步增加，但增幅较小，表明景区低碳化发展越来越趋于平稳。

3）人工碳排放处理能力调控

假定在其他变量不变，改变人工碳排放处理能力的情形下，考察人工碳排放处理率变化对经济运行、社会发展、生态表征、低碳控制、建设保障等维度变化趋势的影响。

人工碳排放处理率以 5%增长，从 5%升至 25%，其变化对各维度值及其变化趋势的影响不同：①在经济运行维度，人工碳排放处理率上升导致污染处理费用增加，使得 2013 年对应的经济运行维度值稍有降低，而从 2015 年开始，随着对可再生能源使用的增多，人工碳排放处理能力不断增强，经济运行维度值越高，人工碳排放处理率递增变化对经济运行维度值的影响越明显，提高人工碳排放处理率有利于景区经济运行；②在社会发展维度，随着人工碳排放处理率不断上升，社会发展维度值略有增加；③在生态表征维度，人工碳排放处理率变化对生态环境具有明显影响，随着人工碳排放处理率的不断提高，生态表征维度值稳步上升，但当人工碳排放处理率越来越高时，生态表征维度值趋向变化不显著，特别是当其达到 20%后，说明在人工碳排放处理率达到 20%后对景区生态表征的影响不明显；④在低碳控制维度，由于人工碳排放处理率增加对碳排控制的正向作用难以抵消其对垃圾无害化处理率、污水集中处理率的逆向作用，故人工碳排放处理率的提升未立即对低碳控制维度值起到拉动作用；⑤在建设保障维度，随着人工碳排放处理率的变化，各建设保障维度值变化较小，曲线变化一致性很高，说明人工碳排放处理率对建设保障的影响不起主导作用；⑥在景区系统集总维度，人工碳排放处理率的不断增高使景区低碳化发展的维度值变高，人工碳排放处理率增高到一定值后，其对景区低碳化发展的主导作用越来越弱，因此，在人工碳排放处理率比较低的情况下，可通过提高人工碳排放处理率来实现景区低碳化发展。

6.4.4　J 景区高质量发展的对策建议

综合基于 ME 的 J 景区 M^2DL 评价、基于 LWAA 的 J 景区游客体验景区低碳化发展评估、J 景区员工与居民感知景区低碳化发展的访谈等结果分析以及 J 景区系统过程趋势预测、调控分析发现，2002～2012 年 J 景区经受了“非典”“5·12”汶川地震等因素的不利影响，在经济运行、社会发展、生态表征、低碳控制、建设保障等方面做出了积极的努力，并于 2012 年 9 月 16 日，被中华环保联合会和中国旅游景区协会等组织评为首批全国低碳旅游示范区，景区系统各维度值在时间序列上表现出上涨态势，管理熵值增量变化表明系统有序发展速度逐步加快，系统整体上处于有序的低碳化发展历程中，并且从景区工作人员、居民及游客等角度，发现景区为积极创建低碳旅游区，围绕“严格保护、科学管理、合理开发、永续利用”的工作思路，倡导低碳旅游、低碳工作、低碳生活等方式而不断探索，已取得一定进展。

《中华人民共和国国民经济和社会发展第十四个五年规划和 2035 年远景目标纲要》指出，能源资源配置更加合理、利用效率大幅提高，单位国内生产总值能源消耗和二氧化碳排放分别降低 13.5%、18%，主要污染物排放总量持续减少。为积极响应这一部署及“双碳”目标，作为推动旅游业发展的主力军——自然风景区必须走绿色低碳、高质量发展的道路。本书在前述研究的基础上，结合 J 景区实际，提出如下对策建议。

1. 夯实生态环境保护与推进景区科学建设

J 景区管理局一直以来始终注重生态环境、自然保护，经过多年坚持不懈的努力，通过封山禁牧、退耕还林还草、森林防火、生物多样性监测、巡山巡护、气象观测、水文观测等方式，空气质量、水环境质量等均达到国家规定标准，这些均为景区生态环境系统保持平衡发挥了积极作用。

景区低碳化发展与建设离不开资源载体——平衡的生态环境系统，不合理的景区建设规划、旅游资源开发必然会对生态系统产生严重的不良影响，而按照“保护式开发、科学化建设”方式，建设保障能够对景区系统产生良好的支撑作用。因 2017 年重大地震灾害的发生，J 景区宣布闭园进行灾后恢复重建，其在及时保护与修复的同时，坚持“尊重自然，适度干预”的原则，采用绿色低碳技术恢复重建。J 景区可在夯实生态环境保护的基础上，不断加大科研经费投入，科学研究景区系统，制定科学化、标准化、精细化、专业化的建设规划，避免办公区和社区活动、工程项目建设对生态环境保护区产生不良影响，不断完善建设、维护景区基础设施及旅游服务配套设施，为景区系统绿色低碳、高质量发展提供优质的生态旅游资源与建设保障条件。

2. 恢复旅游市场份额与推动旅游复苏发展

新冠疫情、世界经济衰退、局部军事冲突等因素直接导致全球经济发展放缓。J 景区管理局结合自身实际，采取各种措施，诸如制定发展规划、推进旅游产业链横向与纵向联合，大力打造全要素旅游产品，使景区在遭遇波折后，表现出较强的恢复力及对经济运行维度强有力的支撑。

针对不同客源市场，将环保、时尚等元素紧密结合，设计以潜在游客需求为导向的多层次多元化的特色旅游产品，丰富低碳旅游内涵，打造“多场景、多时空、多身份”的全要素旅游产品，通过旅游数字化、智能化的网络平台，以低碳化营销方式，宣传与推介自身，源源不断地吸引游客到 J 景区游览，以推动 J 景区旅游复苏发展，为兼顾生态环境保护与旅游经济发展奠定物质基础。

3. 推广环保节能技术与催生景区业态升级

污水处理能力、垃圾处理能力在一定时期内对经济运行、社会发展、生态表征、低碳控制、建设保障等维度值变化具有一定作用，各自变化幅度有一定差异，截至 2012 年，景区垃圾处理率、污水处理率分别达到 97%和 99%[175]，因此 J 景区在这方面，积极践行了对生态环境的保护行为，为景区环保水平提升提供了必不可少的条件，并为其他景区树立了典范。

为持续促进景区低碳化发展，掌控低碳控制力度，除了在保持植被覆盖率稳定的基础上，使其碳汇能力水平保持平稳，景区有必要根据自身实际情况，使自身发展与“双碳”

目标结合，将自然风景区内的绿水青山纳入数字景区碳积分管理系统，建立低碳绿色景区的正向引导机制，积极倡导低碳旅游，精心组织与提供低碳旅游相关服务，采用多样化措施，促进游客参与低碳旅游活动与体验低碳旅游服务，并考虑与全民家庭碳积分系统关联，促进景区业态升级。

4. 引入先进管理技术与提升服务管理水平

景区系统经济运行、社会发展、生态表征、低碳控制、建设保障等子系统中各要素相互影响、相互制约，其协同效应的有效发挥服务于景区低碳化建设需求，使系统管理熵值递减，促进景区运营向有序的低碳化方向发展。J 景区在数字化、信息化、智能化进程中，引入先进的管理模式与技术——基于射频识别(radio frequency identification，RFID)的时空分流导航管理模式[176]与基于人脸识别技术的客流量视频智能系统，运用时空观，以时空容量替代静态容量，突破了景区静态容量与静态承载力的限制，全面实时掌握景区内观光车辆、游客量在时间上、空间上的分布状况，统一管理，统一分流，合理调度，高效运营观光车辆，提高其满载率及资源配置有效率，提高游览速率，一定程度上缓解了旅游高峰期旅游经济快速增长与景区拥挤度大、生态环境负荷大、碳排放量急剧增多、游客等待时间偏长、游客满意度偏低等之间的矛盾，这也表明 J 景区在运营过程中探索出一套适合自身的景区标准化、网格化、信息化管理建设与技术支撑体系。为稳步推进景区低碳化发展，J 景区在已有基础上，强化信息化、智能化建设，不断引入先进管理理念，创新技术应用平台，优化与完善当前管理模式，景区管理实现一个又一个新突破，降低游客人均管理成本与碳排放量，提高管理成本贡献率与单位碳排放收益，促进 J 景区以低碳排放为特征的生态旅游、休闲旅游和观光旅游融合发展，加快景区各项配套设施建设，建好景区数字化平台，注重游客个性化服务，实现景区智慧化发展。

6.5 本章小结

本章在提出景区系统仿真预测目的、确定系统边界及结构的基础上，建立了 SD 模型，研究了景区低碳化发展的系统动力学特征。首先，从旅游经济发展、生态环境保护、景区社会发展之间相互促进、相互制约的复杂关系角度，分析系统仿真目的在于探索其在不同控制条件下的运行趋势；其次，为了构建景区系统仿真模型，确定了系统边界，并分析了经济运行子系统、生态表征子系统、社会发展子系统、低碳控制子系统、建设保障子系统等子系统间的相互作用机制，并以 J 景区为例，展开景区系统低碳化发展仿真预测及调控的理论分析，运用系统动力学仿真方法对 J 景区低碳化发展进行系统过程趋势及调控分析，从而为景区绿色低碳、高质量发展提供相应的对策建议。

第 7 章　结论与展望

7.1　主要研究结论

低碳经济背景下，本书运用复杂性科学、旅游管理、环境科学等多学科交叉理论，集成管理熵增与耗散评价模型、语言集成算子、灰色关联法与 G1 法等多种系统评价与建模技术对自然生态景区低碳化发展与建设的评估与预测展开研究，得到的主要研究结论如下。

(1) 景区系统构建为景区低碳化建设探讨奠定理论基础。景区低碳化发展是景区保护式发展、可持续发展的一种具体实现方式，景区低碳化发展所具有的能量流动、物质循环、信息传递、价值增值等功能及其环境友好性、运营高效性、资源利用集约性等特征为旅游景区低碳化建设构架与低碳化发展路径制定提供了理论探讨依据。

(2) M^3ADL 评价模式提供了一种集评价理论与方法的评价系统。多角度、多维度、多尺度的评价模式，为我们从多个层面、多个评价主体等视域对评价对象聚焦，展现“自底向上”微观方面的影响景区低碳化发展因素的相互作用集结成宏观方面的综合效应提供了一种集评价理论与方法的评价系统。

(3) 改进管理熵评价过程全面系统度量景区低碳化发展演化趋势。从复杂性科学视角，基于管理熵(ME)、管理耗散结构(MDS)理论，引入 GC-G1 组合赋权，改进了基于管理熵增与耗散结构的评价过程，以非线性度量的方式，考量了不同因素间的综合效应，反映了景区系统中各种因素交互作用的集中体现[177]，全面体现观测期内景区低碳化建设是否趋向有序的低碳化状态，一定程度上揭示了景区系统的内在演化趋势。

(4) 基于 LWAA 的游客低碳旅游体验评估纳入评价主体的个人信息差异性考量。基于语言加权算术平均算子(LWAA)的游客低碳旅游体验评估提供了一种考虑不同评价主体的可信度与权威性的差异，根据评价主体性别、年龄、受教育程度、职业等的差异，对每位游客体验信息进行赋权，体现具有不同背景信息的游客在评估中的差异性。

(5) 基于 SD 的仿真预测一定程度揭示了景区系统低碳化发展趋势。基于系统动力学(SD)仿真理论与技术，运用评价过程中获取的历史数据与测算数据对研究对象进行仿真预测，对景区系统低碳化发展过程趋势具有一定的揭示作用，为低碳化发展提供对策建议。

(6) J 景区绿色低碳、高质量发展可从四方面推进。根据研究结果，发现 J 景区作为低碳化景区系统，在低碳化建设方面取得了诸多成效，为进一步实现以低碳排放为特征的生态旅游、休闲旅游和观光旅游相结合的发展模式，可从四个方面推进：①夯实生态环境保护，推进景区科学建设；②恢复旅游市场份额，推动旅游复苏发展；③推广环保节能技术与催生景区业态升级；④引入先进管理技术，提升服务管理水平等。

7.2 研究展望

景区低碳化发展、低碳化景区系统与低碳景区系统等如何构建与实现等科学问题属当前学术前沿领域范畴，不论是理论体系，还是实践方面，均处于探索和完善中。因笔者研究水平有限、数据采集困难等主客观条件的限制，本书还存在不足之处，需要在下一步研究中克服与完善，今后研究的重点将从如下方面入手。

(1) 景区低碳化发展，针对个案研究是探讨研究的一个方面，通过跟踪研究多个类型相似的景区，在对其深入调研的基础上，进行实证研究，为国内外低碳景区评判标准的制定与完善提供依据。

(2) 由于 J 景区经历了 2017 年四川省阿坝州重大地震灾害、2019 年底开始的新冠疫情等外在因素对景区产生的极为不利影响，其影响范围较大且程度较深，故案例对象——J 景区系统低碳化发展的量化分析未涉及 2017 年以来的数据，即没有将特殊时期纳入案例对象的研究时间范畴中。后续研究将基于本书的理论研究体系，以反映景区低碳生态旅游成效为基础，考虑地震、疫情等事件的交互影响，更全面、系统地呈现“双碳”目标下景区系统低碳化发展态势并预测其未来发展趋势。

总之，自然风景区系统低碳绿色、高质量发展研究还有很多值得深思和探究的地方，笔者将在今后的研究中，逐步对这些具有较强现实意义的问题进行深入研究。

参 考 文 献

[1]IPCC. IPCC Special Report on Global Warming of 1. 5℃[R]. Genève: IPCC, 2018.

[2]黄安民, 刘丹丹. 将碳达峰和碳中和作为旅游业高质量发展的历史任务[N]. 中国旅游报, 2021-07-05(003).

[3]World Tourism Organization. Towards a low carbon travel & tourism sector[R]. World Economic Forum, 2009.

[4]世界旅游城市联合会. 世界旅游城市发展报告 2020[R]. 2021 世界旅游城市联合会北京香山旅游峰会暨 2021 世界旅游合作与发展大会世界旅游城市联合会, 2021.

[5]杨效忠, 王荣荣, 韩会然. 低碳旅游背景下的世界遗产开发和保护模式研究[J]. 云南地理环境研究, 2010, 22(5): 1-5.

[6]蔡萌, 汪宇明. 低碳旅游: 一种新的旅游发展方式[J]. 旅游学刊, 2010, 25(1): 13-17.

[7]World Tourism Organization, United Nations Environment Programme. Climate Change and Tourism: Responding to Global Challenges[M]. Madrid: World Tourism Organization, 2008.

[8]汪宇明. 倡导低碳旅游, 推进发展方式转型[J]. 旅游学刊, 2010, 25(2): 11-12.

[9]Uk Department Trade and Industry. Energy white paper: Our energy future-Creating a low-carbon economy[R]. London, 2003.

[10]袁男优. 低碳经济的概念内涵[J]. 城市环境与城市生态, 2010, 23(1): 43-46.

[11]尹希果, 霍婷. 国外低碳经济研究综述[J]. 中国人口・资源与环境, 2010, 20(9): 18-23.

[12]Johnston D, Lowe R, Bell M. An exploration of the technical feasibility of achieving CO_2 emission reductions in excess of 60% within the UK housing stock by the Year 2050[J]. Energy Policy, 2005, 33(13): 1643-1659.

[13]Soytas U, Sari R, Ewing B T. Energy consumption, income, and carbon emissions in the United States [J]. Ecological Economics, 2006(62): 482-489.

[14]Ramanathan R. A multi-factor efficiency perspective to the relationships among world GDP, energy consumption and carbon dioxide emissions[J]. Technological Forecasting & Social Change, 2005, 73(5): 483-494.

[15]Viola F M, Paiva S L D, Savi M A. Analysis of the global warming dynamics from temperature time series[J]. Ecological Modelling, 2010, 221(16): 1964-1978.

[16]Yang W J, Zhao R Q, Chuai X W, et al. China' s pathway to a low carbon economy[J]. Carbon Balance and Management, 2019, 14(1): 14.

[17]邬彩霞. 中国低碳经济发展的协同效应研究[J]. 管理世界, 2021, 37(8): 105-117.

[18]庄贵阳. 中国经济低碳发展的途径与潜力分析[J]. 国际技术经济研究, 2005(3): 8-12.

[19]金涌, 王垚, 胡山鹰, 等. 低碳经济: 理念・实践・创新[J]. 中国工程科学, 2008(9): 4-13.

[20]中国科学院可持续发展战略研究组. 2009 中国可持续发展战略报告——探索中国特色的低碳道路[M]. 北京: 科学出版社, 2009.

[21]徐承红. 低碳经济与中国经济发展之路[J]. 管理世界, 2010(7): 171-172.

[22]朱潜挺, 宋娜, 阚之程, 等. 京津冀城市群低碳转型的微观主体驱动机理分析与建模[J]. 环境保护, 2021, 49(Z2): 40-43.

[23]Beckena S, Simmons D G, Frampton C. Energy use associated with different travel choices[J]. Tourism Management, 2003, 24(3): 267-277.

[24]Peeters P, Dubois G. Tourism travel under climate change mitigation constraints[J]. Journal of Transport Geography , 2010, 18(3): 447-457.

[25]Gössling S, Peeters P. Assessing tourism' s global environmental impact 1900—2050[J]. Journal of Sustainable Tourism, 2015, 23(5): 639-659.

[26]刘小兰, 李洁云. 政府、旅游企业和旅游消费者的演化博弈分析——基于低碳视角[J]. 会计与经济研究, 2017, 31(3): 117-127.

[27]萧歌. 倡导"低碳化"旅游方式[C]. 浙江旅游业创新与发展论文集, 2008: 56-58.

[28]刘啸. 论低碳经济与低碳旅游[J]. 中国集体经济, 2009(13): 154-155.

[29]蔡萌, 汪宇明. 低碳旅游: 一种新的旅游发展方式[J]. 旅游学刊, 2010, 25(1): 13-17.

[30]黄和平, 乔学忠, 张瑾, 等. 绿色发展背景下区域旅游业碳排放时空分异与影响因素研究——以长江经济带为例[J]. 经济地理, 2019(11): 214-224.

[31]Ceballos L H. The future of ecotourism[J]. Mexico Journal, 1987, 1: 13-14.

[32]《中国21世纪议程》编委会. 中国21世纪议程[M]. 北京: 中国环境科学出版社, 1994.

[33]张杰, 徐波, 黄茂祝. 中国自然保护区开展生态旅游存在的问题与对策[J]. 中国林业经济, 2005(1): 19-22.

[34]赵燕丽, 杨学军, 司惠萍. 生态旅游中主要环境问题及解决途径探讨[J]. 环境保护与循环经济, 2009, 29(7): 50-54.

[35]邱成梁. 生态旅游发展中生态保护的法律保障[J]. 旅游学刊, 2021, 36(9): 10-12. .

[36]周长威, 陈祁蔚. 黔中城市群生态旅游资源开发适宜性评价[J]. 湖南科技大学学报(自然科学版), 2022, 37(1): 109-117.

[37]Seidl M, Tistell C A. Carrying capacity reconsidered: From Malthus' population theory to cultural carrying capacity[J]. Ecological Economics, 1999, 31(3): 395-408.

[38]杨锐. 风景区环境容量初探: 建立风景区环境容量概念体系[J]. 城市规划汇刊, 1996(6): 12-15.

[39]万幼清. 旅游环境容量确定方法的探讨[J]. 江西财经大学学报, 2004, 34(4): 60-63.

[40]Wagar J A. The carrying capacity of wild lands for recreation[J]. Forest Science, 1964, 10(7): 247-261.

[41]Saveriades A. Establishing the social tourism carrying capacity for the tourist reports of the east coast of the Republic of Cyprus[J]. Tourism Management, 2000, 21(2): 147-156.

[42]Lawson S, Manning R E, Valliere W A, et al. Proactive monitoring and adaptive management of social carrying capacity in Arches National Park: An application of computer simulation modeling[J]. Journal of Environment Management, 2003, 68(3): 305-313.

[43]Shaalan I M. Sustainable tourism development in the Red Sea of Egypt threats and opprotunities[J]. Journal of Cleaner Production, 2005, 13: 83-87.

[44]Lobo H. Tourist carrying capacity of Santana cave (PETAR-SP, Brazil): A new method based on a critical atmospheric parameter[J]. Tourism Management Perspectives, 2015, 16: 67-75.

[45]赵红红. 苏州旅游环境容量问题初探[J]. 城市规划, 1983 (3): 46-53.

[46]郭来喜, 保继刚. 中国旅游地理学的回顾与展望[J]. 地理研究, 1990, 9(1): 78-87.

[47]崔凤军. 论旅游环境承载力——持续发展旅游的判据之一[J]. 经济地理, 1995, 15(1): 105-109.

[48]刘玲. 旅游环境承载力研究[M]. 北京: 中国环境科学出版社, 2000.

[49]杨锐. 从游客环境容量到LAC理论——环境容量概念的新发展[J]. 旅游学刊, 2003, 18(5): 62-65.

[50]杜忠潮, 蒲玉琼. 五陵塬西汉帝陵风光带旅游环境承载力测算分析[J]. 西北师范大学学报(自然科学版), 2013, 49(1): 96-102.

[51]郭进辉，林开淼，彭夏岁，等. 武夷山国家公园热点旅游区的旅游承载量管理——基于社会规范理论视角[J]. 林业经济，2019, 41(4): 58-62.

[52]Bread J G, Ragheb M G. Measuring leisure satisfaction[J]. Journal of Leisure Research, 1980, 12(1): 20-33.

[53]Um S, Chon K, Ro Y H. Antecedents of revisit intention[J]. Annals of Tourism Research, 2006, 33(4): 1141-1158.

[54]Buckley R. Nature tourism and mental health: Parks, happiness, and causation[J]. Journal of Sustainable Tourism, 2020, 28(9): 1409-1424.

[55]AKama J, Damiannah M K. Measuring tourist satisfaction with Kenya's wildlife safari: A case study of Tsavo West National Park[J]. Tourism Management, 2003, 24(1): 73-81.

[56]Alegre J, Cladera M. Analysing the effect of satisfaction and previous visits on tourist intentions to return[J]. European Journal of Marketing, 2009, 43(5/6): 670-685.

[57]Joaquín A, Jaume G. Tourist satisfaction and dissatisfaction[J]. Annals of Tourism Research, 2010, 37(1): 52-73.

[58]董观志，杨凤影. 旅游景区游客满意度测评体系研究[J]. 旅游学刊, 2005, 20(1): 27-30.

[59]南剑飞，李蔚. 基于灰色系统理论的旅游景区游客满意度评价研究[J]. 商业研究, 2008(12): 46-49.

[60]罗盛锋，黄燕玲，程道品，等. 情感因素对游客体验与满意度的影响研究——以桂林山水实景演出"印象·刘三姐"为例[J]. 旅游学刊, 2011, 26(1): 51-58.

[61]廖治学，骆毓燕，戈鹏，等. 基于 PC-FUZZY-IPA 法的旅游地游客满意度研究——以九寨沟景区为例[J]. 软科学，2012, 26(9): 95-98.

[62]韩建中. 文旅融合视角下的文化旅游满意状况及影响因素研究——以山西晋商文化旅游为例[J]. 西北师范大学学报(自然科学版), 2021, 57(4): 78-84.

[63]Holden A. In need of new environmental ethics for tourism?[J]. Annals of Tourism Research, 2003, 30(1): 94-108.

[64]陈岩峰. 基于利益相关者理论的旅游景区可持续发展研究[D]. 成都：西南交通大学, 2008.

[65]Graham M. The development of indicators for sustainable tourism: Results of a Delphi survey of tourism researchers[J]. Tourism Management, 2001, 22(4): 351-362.

[66]Ko T G. Development of a tourism sustainability assessment procedure: A conceptual approach[J]. Tourism Management, 2005, 26(3): 431-445.

[67]Castellani V, Sala S. Sustainable performance index for tourism policy development[J]. Tourism Management, 2010, 31(6): 871-880.

[68]崔凤军，许峰，何佳梅. 区域旅游可持续发展评价指标体系的初步研究[J]. 旅游学刊, 1999, 14(4): 42-45.

[69]王良健. 旅游可持续发展评价指标体系及评价方法研究[J]. 旅游学刊, 2001, 16(1): 67-70.

[70]田里. 区域旅游可持续发展评价体系研究——以云南、大理、丽江、西双版纳为例[J]. 旅游科学, 2007, 21(3): 44-51.

[71]黄世光，周华荣，梁雪琼，等. 大喀纳斯景区旅游总体规划环境影响评价指标体系[J]. 干旱区研究, 2010, 27(6): 845-853.

[72]吴光宇，樊文斌，郭海清. 最优群信息下的旅游可持续发展评价[J]. 技术经济与管理研究, 2018(5): 103-108.

[73]Pearson K. On lines and planes of closest fit to systems of points in space[J]. Philosophical Magazine, 1901, 2(11): 559-572.

[74]Hotelling H. Analysis of a complex of statistical variables into principal components[J]. Journal of Educational Psychology, 1933, 24(6): 417-441.

[75]Bartholomew D J. Spearman and the origin and development of factor analysis[J]. British Journal of Mathematical and Statistical Psychology, 1995, 48(2): 211-220.

[76]Alhija F N A. Factor analysis: An overview and some contemporary advances[J]. International Encyclopedia of Education (Third Edition), 2010: 162-170.

[77]Linstone H A, Turoff M. The Delphi Method: Techniques and Applications[M]. London: Addison-Wesley Publishing Company, 1976.

[78]Dalkey N, Helmer O. An experimental application of the Delphi method to the use of experts[J]. Management Science, 1963, 9(3): 458-467.

[79]Gordon T J, Wolfson R J, Sahr R C. Methodology: A method for rapid reproduction of group data and individual estimates in the use of the Delphi method[J]. Futures, 1969, 1(6): 552.

[80]Landeta J. Current validity of the Delphi method in social sciences[J]. Technological Forecasting and Social Change, 2006, 73(5): 467-482.

[81]Saaty T L, Vargas L G. Estimating technological coefficients by the analytic hierarchy process[J]. Socio-Economic Planning Sciences, 1979, 13(6): 333-336.

[82]Saaty T L. Highlights and critical points in the theory and application of the analytic hierarchy process[J]. European Journal of Operational Research, 1994, 74(3): 426-447.

[83]叶双峰. 关于主成分分析做综合评价的改进[J]. 数据统计与管理, 2001, 20(2): 52-61.

[84]徐国祥. 统计预测和决策[M]. 上海: 上海财经大学出版社, 1998.

[85]杨宇. 多指标综合评价中赋权方法评析[J]. 统计与决策, 2006(7): 17-19.

[86]陈如云. 基于 BP 神经网络的应用研究[J]. 微计算机信息, 2007, 23(24): 258-259.

[87]Zadeh L A. Fuzzy sets[J]. Information Control, 1965, 8(3): 338-353.

[88]Sugeno M. Theory of Fuzzy Integrals and its Applications[M]. Tokyo: Tokyo Institute of Technology, 1974.

[89]汪培庄. 模糊数学简介(Ⅰ)[J]. 数学的实践与认识, 1980(2): 45-59.

[90]Charnes A, Cooper W W, Rhodes E. Measuring the efficiency of decision making units[J]. European Journal of Operational Research, 1978, 2(6): 429-444.

[91]Färe R, Grosskopf S, Lindgren B, et al. Productivity changes in Swedish pharamacies 1980-1989: A non-parametric Malmquist approach[J]. Journal of Productivity Analysis, 1992, 3(1): 85-101.

[92]Färe R, Grosskopf S. Productivity and intermediate products: A frontier approach[J]. Economics Letters, 1996, 50(1): 65-70.

[93]Cook W D, Green R H, Joe Z. Dual-role factors in data envelopment analysis[J]. IIE Transactions, 2006, 38(2): 105-115.

[94]周泽昆, 陈珽. 评价管理效率的一种新方法[J]. 系统工程, 1986, 4(4): 42-49.

[95]魏权龄. 评价相对有效性的 DEA 方法运筹学的新领域[M]. 北京: 中国人民大学出版社, 1988.

[96]Saaty T L. The Analytic Hierarchy Process: Planning, Priority Setting, Resource Allocation[M]. New York: McGram-Hill, 1980.

[97]杜栋, 庞庆华. 现代综合评价方法与案例精选[M]. 北京: 清华大学出版社, 2005.

[98]Deng J L. Control problems of grey systems[J]. Systems & Control Letters, 1982, 1(5): 288-294.

[99]李力, 陈宏, 王进发. 基于模糊层次分析法的军品供应商选择体系研究[J]. 管理学报, 2007, 4(1): 40-47.

[100]蒋波. 基于主成分分析和归一化 RBF 神经网络优化的财务综合评价[J]. 系统工程, 2009, 27(9): 91-94.

[101]王耀斌, 冯起, 司建华, 等. 一种基于粗糙集和灰色理论的绿洲生态稳定性评价方法[J]. 干旱区资源与环境, 2010, 24(10): 44-49.

[102]张和平, 陈齐海. 基于因子分析-DEMATEL 定权法的期刊综合评价研究[J]. 情报杂志, 2017, 36(11): 180-185.

[103]王鑫民, 李伟英, 周宇, 等. 基于随机森林和模糊综合评价的地表水水质评价[J]. 给水排水, 2022, 58(2): 128-132.

[104]杨志江，刘志铭，邹文. 技术引进、环境规制与低碳经济增长——基于中国省际面板数据的经验研究[J]. 广东社会科学, 2019(5): 36-43.

[105]焦秀君，沈西林. 基于低碳的攀枝花市西区经济发展战略研究[M]. 成都：西南交通大学出版社, 2010.

[106]李汪芹. 我国区域绿色金融与低碳经济发展动态关系研究[D]. 北京：商务部国际贸易经济合作研究院, 2021.

[107]徐玖平，李斌. 发展循环经济的低碳综合集成模式[J]. 中国人口·资源与环境, 2010, 20(3): 1-8.

[108]Lew A A. A framework of tourist attraction research[J]. Annals of Tourism Research, 1987, 14(4): 553-575.

[109]Leiper N. Tourist attraction systems[J]. Annals of Tourism Research, 1990, 17(3): 367-384.

[110]维克多·密德尔敦. 旅游营销学[M]. 向萍，等译. 北京：中国旅游出版社，2001.

[111]Hu W, Wall G. Environmental management, environmental image and the competitive tourist attraction[J]. Journal of Sustainable Tourism, 2005, 13(6): 617-635.

[112]MacCannell, 赵红梅.《旅游者：休闲阶层的新理论》与现代性的民族志者：Dean MacCannell 访谈录[J]. 旅游学刊, 2018, 33(12): 15-25.

[113]杨正泰. 旅游景点景区开发与管理[M]. 福州：福建人民出版社, 2000.

[114]王通，刘春玲，马晓倩，等. 河北省A级旅游景区时空分布特征分析[J]. 水土保持研究, 2015, 22(5): 223-228, 233.

[115]白子怡，薛亮，严艳. 基于GIS的旅游景区空间分布特征及影响因素定量分析：以云南省A级旅游景区为例[J]. 云南大学学报(自然科学版), 2019, 41(5): 982-991.

[116]舒小林，何亚兰，闵浙思. 基于ABC态度模型的旅游景区形象网络化呈现研究——以贵州省5A与4A级景区为例[J]. 资源开发与市场, 2022, 38(6)： 650-656.

[117]王昆欣. 旅游景区管理[M]. 大连：东北财经大学出版社, 2003.

[118]郭亚军. 旅游景区管理[M]. 北京：高等教育出版社, 2006.

[119]Butler R W. The concept of a tourist area cycle of evolution: Implications for mangement of resources[J]. Canadian Geographer, 1980 (1): 5-12.

[120]肖景义，张璞，陈建强. 青海湖旅游区生命周期研究[J]. 干旱区资源与环境, 2007, 27(7): 26-29.

[121]佚名. 中国首个低碳城市标准发布 吉林市成首先适用样本[J]. 经济视角, 2010(4): 36-38.

[122]Moning K J. Environmental Policy Performance Indicators: A Study on the Development of Indicators for Environmental Policy in the Netherlands[M]. The Hague: Uitgeverij, 1993.

[123]Smeets E, Weterings R. Environmental Indicators: Typology and Overview[M]. Copenhagen: Technical Report, European Environmental Ageney, 1999.

[124]Svarstad H, Petersen L K, Rothman D, et al. Discursive biases of the environmental research framework DPSIR[J]. Land Use Policy, 2008, 25: 116-125.

[125]章小平，任佩瑜，邓贵平. 九寨沟可持续发展战略管理初探[J]. 西南民族大学学报(人文社科版), 2009, 30(6): 213-216.

[126]邹统钎. 旅游景区开发与管理[M]第五版. 北京：清华大学出版社, 2021.

[127]迈克尔·波特. 竞争优势[M]. 陈小悦，译. 北京：华夏出版社, 2005.

[128]冯端，冯步云. 熵[M]. 北京：科学出版社, 1992.

[129]秦允豪. 热学[M]第三版. 北京：高等教育出版社, 2011.

[130]尹世伟，郭庆伟，李鑫茹，等. 从热机到热寂——熵的起源与发展[J]. 大学化学, 2011, 26(1): 85-87.

[131]湛垦华，沈小峰. 普利高津与耗散结构理论[M]. 西安：陕西科学技术出版社, 1982.

[132]伊利亚·普利高津. 确定性的终结——时间、混沌与新自然法则[M]. 湛敏，译. 上海：上海科技教育出版社, 2009.

[133]任佩瑜. 从自然系统到管理系统: 管理系统的熵、耗散结构、信息与复杂性[M]. 北京: 科学出版社, 2018.
[134]任佩瑜, 张莉, 宋勇. 基于复杂性科学的管理熵、管理耗散结构理论及其在企业组织与决策中的作用[J]. 管理世界, 2001 (6): 142-147.
[135]尼科里斯, 普利高津. 探索复杂性[M]. 罗久里, 陈奎宁, 译. 成都: 四川教育出版社, 1986.
[136]蒋峦, 谢卫红, 蓝海林. 组织柔性结构的演进及其演进的理论诠释[J]. 中国软科学, 2005 (3): 84-88.
[137]Volberda H W. Building flexible organizations for fast-moving markets[J]. Long Range Planning, 1997, 30(2): 169-183.
[138]任佩瑜, 余伟萍, 杨安华. 基于管理熵的中国上市公司生命周期与能力策略研究[J]. 中国工业经济, 2004 (10): 76-82.
[139]任佩瑜, 林兴国. 基于复杂性科学的企业生命周期研究[J]. 四川大学学报(哲学社会科学版), 2003 (6): 35-39.
[140]曹裕, 陈晓红, 王傅强. 我国上市公司生命周期划分方法实证比较研究[J]. 系统管理学报, 2010, 19(3): 313-322.
[141]赵旭. 基于生命周期理论的上市公司融资结构研究[J]. 财经论丛, 2012 (2): 84-89.
[142]陈震华. 浅析企业并购中企业文化冲突和整合——关于"管理熵"和"管理耗散结构"原理的思考[J]. 经营管理者, 2010 (23): 205.
[143]毛道维, 任佩瑜. 基于管理熵和管理耗散的企业制度再造的理论框架[J]. 管理世界, 2005 (2): 108-117.
[144]郭伟刚. 基于管理熵、管理耗散结构理论的企业激励机制研究[J]. 企业经济, 2009 (2): 62-65.
[145]秦磊, 毛道维. 基于管理熵管理耗散结构的企业家活动配置研究[J]. 统计与决策, 2010 (1): 166-169.
[146]任佩瑜, 范集湘, 黄璐, 等. 中国新型公司治理结构模式及其绩效评价[J]. 中国工业经济, 2005 (7): 96-104.
[147]宋华岭, 刘全顺, 刘丽娟, 等. 管理熵理论——企业组织管理系统复杂性评价的新尺度[J]. 管理科学学报, 2003, 6(3): 19-27.
[148]宋华岭, 金智新, 李金克, 等. 企业管理系统复杂性评价的三维尺度模型建模与实证研究[J]. 管理工程学报, 2006(1): 103-108.
[149]宋华岭, 温国锋, 李金克, 等. 基于信息度量的企业组织系统协同性评价[J]. 管理科学学报, 2009, 12(3): 22-36.
[150]刘兴堂, 梁炳成, 刘力, 等. 复杂系统建模理论、方法与技术[M]. 北京: 科学出版社, 2008.
[151]陈森发. 复杂系统建模理论与方法[M]. 南京: 东南大学出版社, 2005.
[152]钱学森, 于景元, 戴汝为. 一个科学新领域——开放的复杂巨系统及其方法论[J]. 自然杂志, 1990, 13(1): 3-10.
[153]于景元, 周晓纪. 从定性到定量综合集成方法的实现和应用[J]. 系统工程理论与实践, 2002(10): 26-32.
[154]钱学森. 创建系统学[M]. 太原: 山西科学技术出版社, 2001.
[155]陈森发, 张建坤. 系统建模与仿真[M]. 西安: 陕西旅游出版社, 2001.
[156]王新华, 李堂军, 丁黎黎. 复杂大系统评价理论与技术[M]. 济南: 山东大学出版社, 2010.
[157]邓聚龙. 汉英对照: 灰色系统基本方法[M]第2版. 武汉: 华中科技大学出版社, 2005.
[158]郭亚军. 综合评价理论、方法及应用[M]. 北京: 科学出版社, 2007.
[159]Herrera F, Herrera V E. Choice functions and mechanisms for linguistic preference relations[J]. European Journal of Operational Research, 2000, 120(1): 144-161.
[160]Herrera F, Herrera V E, Verdegay J L. Direct approach processed in group decision making using linguistic OWA operators[J]. Fuzzy Sets and Systems, 1996, 79(2): 175-190.
[161]Herrera F, Herrera V E, Verdegay J L. A sequential selection process in group decision making with a linguistic assessment approach[J]. Information Sciences, 1995, 85(4): 223-239.
[162]Xu Z S. Induced uncertain linguistic OWA operators applied to group decision making[J]. Information Fusion, 2006, 7(2): 231-238.

[163]Wu Z, Chen Y H. The maximizing deviation method for group multiple attribute decision making under linguistic environment[J]. Fuzzy Sets and Systems, 2007, 158(14): 1608-1617.

[164]Xu Z S. A method for multiple attribute decision making within complete weight information in linguistic setting[J]. Knowledge-Based System, 2007, 20(8): 719-725.

[165]Liu P, Xin Z, Liu W. A risk evaluation method for the high-tech project investment based on uncertain linguistic variables[J]. Technological Forecasting & Social Change, 2011, 78(1): 40-50.

[166]孙利娟, 邢小军, 周德群. 熵值赋权法的改进[J]. 统计与决策, 2010(21): 153-154.

[167]郝海, 踪家峰. 系统分析与评价方法[M]. 北京: 经济科学出版社, 2007.

[168]Luo Y Y, Wang Z, Wang J, et al. Measuring decarbonated development of tourist attractions associated with ecological environment and tourism economy[J]. Journal of Intelligent & Fuzzy Systems, 2017, 33(5): 2877-86.

[169]赵东明, 张秀荣. 对我国森林破坏现状及保护对策的分析[J]. 民营科技, 2010(4): 100.

[170]章小平. 智慧、可持续发展景区战略管理[M]. 北京: 北京大学出版社, 2011.

[171]丁以中. 交通运输网络规划[M]. 大连: 大连海事大学出版社, 2000.

[172]Beaujon G J, Turnquist M A. A model for fleet sizing and vehicle allocation[J]. Transportation Scienee, 1991, 25(1): 19-45.

[173]王其藩. 高级系统动力学[M]. 北京: 清华大学出版社, 1995.

[174]李旭. 社会系统动力学——政策研究的原理、方法和应用[M]. 上海: 复旦大学出版社, 2009.

[175]陈启胜. 基于系统动力学的景区环境与旅游经济交互影响的模型构建及对策研究[D]. 成都: 四川大学, 2012.

[176]冯刚. 景区游客时空分流导航管理[M]. 北京: 中国林业出版社, 北京大学出版社, 2011.

[177]骆毓燕, 戈鹏, 任佩瑜, 等. 基于IEME的低碳化景区综合集成评价[J]. 资源科学, 2011, 33(11): 2182-2190.